СВЯТИТЕЛЬ ИГНАТИЙ БРЯНЧАНИНОВ

О ПРЕЛЕСТИ

ORTHODOX LOGOS PUBLISHING

О ПРЕЛЕСТИ

святитель Игнатий Брянчанинов

Икона на обложке книги:
«Игнатий (Брянчанинов)», *Неизвестный автор*

© 2025, Orthodox Logos Publishing, The Netherlands

www.orthodoxlogos.com

ISBN: 978-1-80484-215-7

This book is in copyright. No part of this publication may
be reproduced, stored in a retrieval system or transmitted in any form or
by any means without the prior permission in writing of
the publisher, nor be otherwise circulated in any form of binding
or cover other than that in which it is published without a similar
condition, including this condition, being imposed
on the subsequent purchaser.

СВЯТИТЕЛЬ ИГНАТИЙ БРЯНЧАНИНОВ

О ПРЕЛЕСТИ

ORTHODOX LOGOS PUBLISHING

СОДЕРЖАНИЕ

Вступление 7
Биография: Святитель Игнатий (Брянчанинов) . . 10

О прелести

I часть 14
   О ревности душевной и духовной 18
   Об осторожности при чтении отеческих книг о монашеской жизни 23
   О хранении себя от добра, принадлежащего падшему естеству человеческому 26
   О сновидениях 29
   О жительстве по совету 34
   Об отшельнической жизни 40

II часть 58
   О истинном и ложном смиренномудрии 88
   Зрение греха своего 97
   О любви к ближнему 109
   О любви к Богу 115
   Сети миродержца 119

Примечания 125

ВСТУПЛЕНИЕ

«О прелести» – это произведение, в котором святитель Игнатий (Брянчанинов) излагает тонкости духовного опыта, раскрывая его в двух частях, каждая из которых является важным звеном на пути к истинному познанию внутренней жизни и христианского совершенства. В первой части труда автор обращается к вопросам ревности душевной и духовной, предостерегая от излишней страсти в стремлении к духовным благам и утверждая необходимость мудрости при чтении отеческих книг о монашеской жизни. Он указывает на то, что у человека, погружённого в падшее естество, нередко возникают ложные представления о добре, что может затруднить духовное развитие. Святитель предлагает читателю способы охраны себя от соблазнов, связанных с тем, что принадлежит этому падшему миру, рассматривая одновременно и тонкости сновидений, как возвратные знаки души, и вопросы жительства по совету, указывая на важность мудрого выбора места для жизни духовного человека. Особое внимание уделено также теме отшельнической жизни, как естественному завершению жизненного пути для тех, кто избрал путь уединения и искреннего общения с Богом.

Во второй части «О прелести» автор переходит к изучению сущности смиренномудрия, различая истинное от ложного, и акцентирует внимание на зрении греха своего, что становится важным этапом в духовном очищении. Он вновь говорит о любви к ближнему и любви к Богу, представляя их как два неотъемлемых аспекта истинного христианского служения, а также приводит наставления, обозначенные в понятии «сети миродержца», показывая, как духовные сети способны обвивать сердце человека, если он не остается бдительным. Каждая из тем книги наполнена глубокими размышлениями, примерами из святоотеческой традиции и личным опытом автора, который не стесняется делиться теми мудростями, накопленными годами подвижнической жизни. Читатель встречает в этом труде не только общие наставления, но и конкретные указания, как не поддаваться обманчивому блеску внешнего мира и как укреплять свою душу, освобождая её от узах страстей и иллюзий.

Святитель Игнатий в «О прелести» демонстрирует свое уникальное умение сочетать строгий аскетизм с любовью и состраданием к ближнему. Он обращает особое внимание на тот факт, что истинная прелесть духовной жизни заключается не в пышности внешних обрядов или в формальном соблюдении правил, а в глубоком внутреннем преображении, когда каждый элемент души очищается и приобретает божественный облик. В своих трудах он убеждён, что испытания и соблазны мира направлены на то, чтобы закалять веру и усиливать стремление к искреннему поклонению Богу. Поэтому даже ревность души, которая нередко воспринимается как негативное качество, у святителя приобретает и положительный смысл — как стимул для самосовершенствования и постоянного стремления к высшей правде.

Вступление в книгу «О прелести» является своеобразным наставлением, приглашением для каждого искателя духовной истины осмыслить жизненный путь, оценить своё внутреннее состояние и, прежде всего, научиться различать между истинным и ложным смиренномудрием. Автор напоминает, что каждое слово отца-учителя, записанное в этом труде, наполнено любовью к Богу и стремлением помочь человеку увидеть свет истинной благодати, который способен преобразить не только душу, но и всю жизнь. Важным моментом является и то, что святитель обращает внимание на практическую сторону духовных испытаний – он ясно излагает, как чтение святых текстов должно стать не только умственным упражнением, но и живым опытом, который меняет внутренний облик человека.

Таким образом, «О прелести» представляет собой глубоко личное и одновременно универсальное руководство для тех, кто ищет ответы на вопросы о том, что является истинной прелестью христианской жизни. Оно призывает к постоянному духовному обновлению, к осмыслению каждого своего шага на пути к Богу и предлагает практические способы защиты от тех соблазнов, которые могут сбивать с истинного курса. В этом труде рождается понимание, что прелесть души не может быть найдена во внешнем мире, а лишь через долгий, трудный, но столь необходимый путь духовного очищения и внутреннего преображения.

СВЯТИТЕЛЬ ИГНАТИЙ (БРЯНЧАНИНОВ)

Святитель Игнатий (Брянчанинов) – выдающийся представитель русского православного подвижнического движения, чья жизнь и творчество оставили неизгладимый след в духовном наследии Русской Церкви. Родившись в начале XIX века в семье благочестивых дворян, Дмитрий Александрович Брянчанинов с юных лет проявлял глубокий интерес к вопросам веры и духовного развития. Его воспитание проходило в атмосфере строгого религиозного самосознания, где знание святых отцов и величие православной традиции играли важнейшую роль. Уже в юности его поразила сила молитвы и торжество истинной аскезы, которые стали основополагающими в формировании его духовного пути.

Образование, полученное в светских учреждениях, не могло затмить жажды духовных знаний, и со временем юный Дмитрий понял, что его истинное призвание заключается во служении Богу, а не в мирской суете. Обретя монашеский постриг, он принял имя Игнатий и вступил на путь монашеского подвижничества, выбрав жизнь, посвящённую молитве, покаянию и самопожертвованию. Его путь был непрост – от раннего отрыва от мирских благ до полного погружения в аскезу, требующую крайнего самоотречения и внутренней стойкости. Именно в монастырской обители он начал постигать тайны духовной жизни, уделяя особое внимание труднейшим вопросам веры, смирения и истинного смиренномудрия, что в последствии нашло отражение в его многочисленных трудах.

Служение святителя Игнатия охватывало не только жизнь в монастыре, но и активное участие в жизни Церкви на высоких пастырских постах. Его мудрость, любовь к ближнему и способность видеть суть человеческой души сделали его авторитетом среди верующих, как монахов, так и мирян. Он не только преподавал истинное понятие аскезы, но и лично демонстрировал, что жизнь, наполненная молитвой и смирением, способна преобразить человека и привести его к вечному свету. Его учения, пропитанные любовью и глубоким пониманием духовных законов, стали для многих путеводной звездой, наставляя в трудные моменты жизненного пути.

Особую известность святитель Игнатий получил благодаря своим литературным трудам, в числе которых значительным является сборник «Аскетические опыты», а также многочисленные письма и наставления, объединенные в полном собрании его творений и писем. Эти работы не только отражают его глубокое богословие, но и служат практическим руководством для всех, кто стремится к внутреннему преображению и истинной близости с Богом. Игнатий умел просто и в то же время проникновенно излагать сложные вопросы веры, делая их доступными даже для неподготовленного читателя, что и стало одной из причин широкой популярности его трудов.

Несмотря на испытания, связанные с тяжестью духовного подвига, болезни и непростыми жизненными обстоятельствами, святитель Игнатий никогда не отступал от своего призвания. Его жизнь была полна подвижничества, бескорыстной любви и постоянного стремления к вечной истине. В его личном примере видно, как смирение и непрестанная молитва способны побеждать все земные невзгоды и преграды, открывая человеку путь к божественной благодати. После его кончины его труды продолжают жить, вдохновляя новые поколения на путь духовного самосовершенствования и подвижнического служения.

Сегодня имя святителя Игнатия (Брянчанинова) занимает почётное место в истории Русской Православной Церкви. Его наследие глубоко укоренилось в сердцах верующих, а его книги и наставления служат надежным ориентиром для всех, кто ищет истинного смысла жизни в свете Божией любви. Его пример учит, что путь к спасению – это не кратковременное усилие, а постоянное служение, требующее самоотречения, смирения и глубокого покаяния. Труды святителя продолжают служить не только историческим памятником, но и живым руководством по духовному пути, объединяя поколения в стремлении к вечной истине и божественной благодати.

О ПРЕЛЕСТИ

I ЧАСТЬ

Ученик. Дай точное и подробное понятие о прелести. Что такое – прелесть?

Старец. Прелесть есть повреждение естества человеческого ложью. Прелесть есть состояние всех человеков, без исключения, произведённое падением праотцов наших. Все мы – в прелести[1]. Знание этого есть величайшее предохранение от прелести. Величайшая прелесть – признавать себя свободным от прелести. Все мы обмануты, все обольщены, все находимся в ложном состоянии, нуждаемся в освобождении истиною. Истина есть Господь наш Иисус Христос (*Ин. VIII. 32.*–14, 6). Усвоимся этой Истине верою в Нее; возопием молитвою к этой Истине, – и Она извлечёт нас из пропасти самообольщения и обольщения демонами. Горестно – состояние наше! Оно – темница, из которой мы молим извести нашу душу, «исповедатися имени Господню» (*Псал. 141, 8*). Оно – та мрачная земля, в которую низвергнута жизнь наша позавидовавшим нам и погнавшим нас врагом (*Псал. 142, 3*). Оно – «плотское мудрование» (*Рим. 8.6*) и «лжеименный разум» (*1Тим. 6, 20*), которыми заражён весь мир, не признающий своей болезни, провозглашающей её цветущим здравием. Оно – «плоть и кровь», которые «царствия Божия наследити не могут» (*1Кор. 15, 50*). Оно – вечная смерть, врачуемая и уничтожаемая Господом Иисусом, Который есть «воскрешение и живот» (*Ин. 11, 25*). Таково наше состояние. Зрение его – новый повод к плачу. С плачем возопием к Господу Иисусу, чтобы он вывел нас из темницы, извлек из пропастей земных, исторг из челюстей смерти. «Господь наш Иисус Христос», – говорит преподобный Симеон, Новый Богослов, – потому и сошел к нам, «что восхотел изъять нас из плена и из злейшей прелести»[2].

Ученик. Это объяснение недовольно доступно для моих понятий: нуждаюсь в объяснении более простом, более близком к моему уразумению.

Старец. В средство погубления человеческого рода употреблена была падшим ангелом ложь (*Быт. III, 13*). По этой причине Господь назвал диавола «ложью, ...отцом лжи и ...человекоубийцею искони» (*Ин. 8, 44*). Понятия о лжи Господь тесно соединил с понятием о человекоубийстве: потому что последнее есть непременное последствие первой. Словом «искони» указывается на то, что ложь с самого начала послужила для диавола орудием к человекоубийству, и постоянно служит ему орудием к человекоубийству, к погублению человеков. Начало зол – ложная мысль! Источник самообольщения и бесовской прелести – ложная мысль! При посредстве лжи, диавол поразил вечною смертию человечество в самом корне его, в праотцах. Наши праотцы «прельстились», то есть, признали истиною ложь, и, приняв ложь под личиною истины, повредили себя неисцельно смертоносным грехом, что засвидетельствовала и праматерь наша. «Змий прельсти мя, – сказала она, – и ядохъ» (*Быт. 3, 13*). С того времени естество наше, зараженное ядом зла, стремится произвольно невольно ко злу, представляющемуся добром и наслаждением искаженной воле, извращенному разуму, извращенному сердечному чувству. Произвольно: потому что в нас еще есть остаток свободы в избрании добра и зла. Невольно: потому, что этот остаток свободы не действует как полная свобода; он действует под неотъемлемым влиянием повреждения грехом. Мы родимся такими; мы не можем не быть такими: и потому все мы, без всякого исключения, находимся в состоянии самообольщения и бесовской прелести. Из этого воззрения на состояние человеков в отношении к добру и злу, на состояние, которое по необходимости принадлежит каждому человеку, вытекает следующее определение прелести, объясняющее её со всею удовлетворительностью: *прелесть есть усвоение* человеком лжи, принятой им за истину. Прелесть действует первоначально на образ мыслей; будучи принята и извратив образ мыслей, она немедленно сообщается сердцу, извращает сердечные ощущения; овладев сущностью человека, она разливается на всю деятельность его, отравляет самое тело, как неразрывно связанное Творцом с душою. Состояние прелести есть состояние погибели или вечной смерти.

Со времени падения человека диавол получил к нему постоянно свободный доступ[3]. Диавол имеет право на этот доступ: его власти, повиновением ему, человек подчинил себя произвольно, отвергнув повиновение Богу. Бог искупил человека. Искупленному человеку предоставлена свобода повиноваться, или Богу, или диаволу, а чтоб свобода эта вынаружилась непринужденно, оставлен диаволу доступ к человеку. Очень естественно, что диавол употребляет все усилия удержать человека в прежнем отношении к себе, или даже привести в большее порабощение. Для этого он употребляет прежнее и всегдашнее свое оружие – ложь. Он старается обольстить и обмануть нас, опираясь на наше состояние самообольщения; наши страсти – эти болезненные влечения – он приводит в движение; пагубные требования их облачает в благовидность, усиливается склонить нас к удовлетворению страстям. Верный Слову Божию не дозволяет себе этого удовлетворения, обуздывает страсти, отражает нападения врага (*Иак. 4, 7*.): действуя под руководством Евангелия против собственного самообольщения, укрощая страсти, этим уничтожая мало по малу влияние на себя падших духов, он мало по малу, выходит из состояния прелести в область истины и свободы (*Ин. 8, 32*), полнота которых доставляется осенением Божественной благодати. Неверный учению Христову, последующий своей воле и разуму, подчиняется врагу, и из состояния самообольщения переходит к состоянию бесовской прелести, теряет остаток своей свободы, вступает в полное подчинение диаволу. Состояние людей в бесовской прелести бывает очень разнообразно, соответствуя той страсти, которою человек обольщен и порабощен, соответствуя той степени, в которой человек порабощен страсти. Но все, впавшие в бесовскую прелесть, то есть, чрез развитие собственного самообольщения вступившие в общение с диаволом и в порабощение ему – находятся в прелести, суть храмы и орудия бесов, жертвы вечной смерти, жизни в темницах ада.

О РЕВНОСТИ ДУШЕВНОЙ И ДУХОВНОЙ

Иноку надо весьма остерегаться плотской и душевной ревности, представляющейся по наружности благочестивою, в сущности – безрассудной и душевредной. Мирские люди и многие монашествующие, по незнанию своему, очень похваляют такую ревность, не понимая, что её источники суть самомнение и гордость. Эту ревность они величают ревностью по вере, по благочестию, по церкви, по Богу. Она заключается в более или менее жестком осуждении и обличении ближних в их нравственных погрешностях и в погрешностях против церковного благочиния и чиноположения. Обманутые ложным понятием о ревности, неблагоразумные ревнители думают, предаваясь ей, подражать святым Отцам и святым мученикам, забыв о себе, что они, ревнители, – не святые, а грешники. Если святые обличали согрешающих и нечестивых, то обличали по велению Божию, по обязанности своей, по внушению Святаго Духа, а не по внушению страстей своих и демонов. Кто же решится самопроизвольно обличать брата или сделать ему замечание, тот ясно обнаруживает и доказывает, что он счел себя благоразумнее и добродетельнее обличаемого им, что он действует по увлечению страсти и по обольщению демонскими помыслами. Подобает помнить заповедание Спасителя: «Что же видиши сучец, иже во оце брата твоего, бревна же, еже есть во оце твоем, не чуеши? Или како речеши брату твоему: остави, да изму сучец из очесе твоего: и се бревно в оце твоем? Лицемере, изми первее бревно из очесе твоего: и тогда узриши изъяти сучец из очесе брата твоего» (*Мф. 7, 3–5*). Что такое – бревно? Это – плотское мудрование, дебелое как бревно, отъемлющее всю способность и правильность у зрительной силы, дарованной Создателем уму и сердцу. Человек, водимый плотским мудрованием, никак не может правильно судить ни о своем внутреннем состоянии, ни о состоянии ближних. Он судит о себе и о других так, как представляется себе он сам, и как представляются ему ближние по наружности, по его плотскому мудрованию, ошибочно: и потому Слово Божие весьма верно наименовало его лицемером. Христианин, по исцелении себя Словом Божиим и Духом Божиим, получает правильный взгляд на свое душевное устроение и на душевное устроение ближних. Плотское мудрование, поражая бревном согрешающего ближнего, всегда смущает его, нередко губит, никогда не приносит и не может принести пользы, нисколько не действует на грех. Напротив того, духовное мудрование действует исключительно на душевный недуг ближнего, милуя ближнего, исцеляя и спасая его. Достойно замечания, что по стяжании духовного разума, недостатки и погрешности ближнего начинают казаться весьма маловажными, как искупленные Спасителем и удобно врачуемые покаянием – те самые погрешности и недостатки, которые плотскому разуму казались необъятно великими и важными. Очевидно, что плотское мудрование, будучи само бревном, придавало им такое огромное значение. Плотское мудрование видит в ближнем и такие грехи, каких в нем вовсе нет: по этой причине увлекавшиеся безрассудною ревностью часто впадали в оклеветание ближнего и соделывались орудием и игралищем падших духов. Преподобный *Пимен Великий* рассказывал, что некоторый инок, увлекшийся ревностью, подвергся следующему искушению: он увидел другого инока лежащим на женщине. Долго боролся инок с помыслом, понуждавшим его остановить согрешающих, и, наконец, побежденный, толкнул их ногою, сказав: перестаньте же! Тогда оказалось, что это были два снопа[4]. Преподобный *авва Дорофей* рассказывает, что в бытность его в общежитии аввы Серида, некоторый брат оклеветал другого брата, будучи увлечен безрассудной ревностью, которая всегда сопряжена с подозрительностью и мнительностью, очень способна к сочинениям. Обвинивший винил обвиняемого в том, что этот рано утром крал из сада смоквы и ел их: по произведенному игуменом исследованию оказалось, что оклеветанный в указанное утро находился не в монастыре, а в одном из соседних селений, будучи послан туда экономом, и возвратился в монастырь только к тому времени, как оканчивалась Божественная Литургия[5]. Если хочешь быть верным, ревностным сыном православной Церкви, то достигай этого исполнением евангельских заповедей относительно ближнего. Не дерзни обличать его! Не дерзни учить его! Не дерзни осуждать и укорять его! Это – деяние не веры, а безрассудной ревности, самомнения, гордыни. Спросили Пимена Великого: что такое вера? Великий отвечал: «Вера заключается в том, чтобы пребывать в смирении и творить милость»[6], то есть, смиряться перед ближними и прощать им все оскорбления и обиды, все согрешения их. Так как безрассудные ревнители в начальную причину своей ревности выставляют веру, то да знают они, что истинная вера[7], а следовательно и истинная ревность, должны выражаться в смирении пред ближними и в милости к ним. Предоставим суд над человеками и обличение человеков тем человекам, на которых возложена обязанность судить братий своих и управлять ими. «Имеющий ложную ревность, – сказал святой Исаак Сирский, – недугует великим недугом. О человек, мнящий износить ревность против чужих недугов, ты отрекся от здравия души твоей! Потрудись со тщанием о здравии души твоей. Если же желаешь уврачевать немощных, то знай, что больные нуждаются более в уходе за ними, нежели в жестких обличениях. Но ты, иным не помогая, сам себя ввергаешь в тяжкую и мучительную болезнь. Эта ревность в человеках не признается одним из видов премудрости, но причисляется к недугам души, есть признак скудости (духовного) разума, признак крайнего невежества. Начало премудрости Божией – тихость и кротость, свойственные великой и крепкой душе, основательнейшему образу мыслей, и носить человеческие немощи. «Вы бо сильныи, – говорит Писание, – немощи немощных носите» (*Рим. 15, 1*), и: «согрешающаго исправляйте... духом кротости» (*Галат.6.1*). Мир и терпение причисляет Апостол к плодам Святаго Духа[8].

В другом слове преподобный Исаак говорит: «Не возненавидь грешного, потому что мы все грешны. Если ты ради Бога подвизаешься против него (грешника), то пролей о нем слезы. Для чего же ты и ненавидишь его? Возненавидь грехи его, а о нем помолись, и тем уподобишься Христу, Который не негодовал на грешников, но молился о них. Не видишь ли, как Он плакал о Иерусалиме? И мы во многих случаях служим посмешищем для диавола. Зачем же ненавидим того, над кем посмеивается посмеивающийся и над нами диавол? Зачем ты, о человек, ненавидишь грешника? За то ли, что он не так праведен, как ты? Где же твоя правда, когда у тебя нет любви! Отчего ты не восплакал о нем, но гонишь его? Некоторые, мнящие о себе, что они здраво судят о делах грешников, и (по этому поводу) гневаются на них, действуют так из своего невежества»[9]. Великое бедствие – самомнение! Великое бедствие – отвержение смирения! Великое бедствие – то душевное устроение и состояние, при котором инок, не будучи призван или вопрошаем, по собственному сознанию своего достоинства, начинает учить, обличать, укорять ближних! Будучи спрошен, или откажись дать совет и сказать свое мнение, как ничего не знающий, или, при крайней нужде, скажи с величайшей осторожностью и скромностью, чтоб не уязвить себя тщеславием и гордостью, а ближнего словом жестким и безрассудным. Когда за труд твой в вертограде заповедей, Бог сподобит тебя ощутить в душе твоей ревность Божественную, тогда ясно увидишь, что эта ревность будет побуждать тебя к молчанию и смирению пред ближними, к любви к ним, к милованию их, к соболезнованию о них, как сказал святой Исаак Сирский[10]. Божественная ревность есть огнь, но не разгорячающий крови! Он погашает в ней разгорячение, приводит в спокойное состояние[11]. Ревность плотского мудрования всегда сопряжена с разгорячением крови, с нашествием многочисленных помыслов и мечтаний. Последствиями слепой и невежественной ревности, если ближний ей воспротивится, обыкновенно бывают негодование на него, памятозлобие, мстительность в различных видах, а если покорится – тщеславное довольство собою, возбуждение и умножение наших высокоумия и самомнения.

ОБ ОСТОРОЖНОСТИ ПРИ ЧТЕНИИ ОТЕЧЕСКИХ КНИГ О МОНАШЕСКОЙ ЖИЗНИ

Книги святых Отцов о монашеской жизни должно читать с большою осмотрительностию. Замечено, что новоначальный инок никак не может применить книги к своему положению, но непременно увлекается направлением книги. Если книга преподает советы о безмолвии, и показывает обилие духовных плодов, собираемых в глубокой пустыне, то в новоначальном непременно явится сильнейшее желание удалиться в уединение, в безлюдную пустыню. Если книга говорит о безусловном послушании под руководством Духоносного отца, то в новоначальном непременно явится желание строжайшего жительства в полном повиновении старцу. Бог не дал нашему времени ни того, ни другого из этих жительств. Но книги святых Отцов, написанные об этих жительствах, могут подействовать на новоначального так сильно, что он, по неопытности своей и незнанию, легко решится оставить место жительства, на котором имеет всю удобность спастись и духовно преуспеть исполнением евангельских заповедей, для несбыточной мечты совершенного жительства, нарисовавшейся живописно и обольстительно в его воображении. Святой *Иоанн Лествичник* говорит в Слове о безмолвии: «При трапезе доброго братства постоянно предстоит некий пес, который покушается восхитить с нея хлеб, то есть, душу, потом убегает, держа его в пасти, и пожирает в уединенном месте»[12]. В слове о послушании сей наставник иноков говорит: «Диавол влагает живущим в повиновении желание невозможных добродетелей. Равным образом и пребывающим в безмолвии советует подвиги, несвойственные им. Раскрой образ мыслей неискусных послушников, и найдешь там понятие, родившееся от самообольщения: найдешь там желание строжайшего безмолвия и поста, непарительной молитвы, совершенного нетщеславия, непресекаемого памятования смерти, всегдашнего умиления, всесовершенного безгневия, глубокого молчания, превосходной чистоты. Они, обольстившись, напрасно прескочили (перешли из братского общежития в глубокое уединение), не имея в себе при новоначалии своем упомянутых добродетелей по особенному смотрению Божию: враг научил их устремиться к этим добродетелям преждевременно, чтоб они не получили их и в свое время. Обольститель (диавол) ублажает пред безмолвниками страннолюбие послушников, их служение, братолюбие, общежительность, хождение за больными, чтоб вторых, как и первых, сделать нетерпеливыми»[13]. Падший ангел старается обмануть и вовлечь в погибель иноков, предлагая им не только грех в разных видах его, но и предлагая несвойственные им, возвышеннейшие добродетели. Не доверяйте, братия, вашим помыслам, разумениям, мечтам, влечениям, хотя бы они казались вам самыми благими, хотя бы они представляли вам в живописной картине святейшее монашеское жительство! Если та обитель, в которой вы живете, дает вам возможность проводить жизнь по евангельским заповедям, если вы не низлагаетесь соблазнами в смертные грехи, то не оставляйте обители. Потерпите великодушно её недостатки и духовные, и вещественные, не вздумайте всуе искать поприща подвигов, недарованного Богом нашему времени. Бог желает и ищет спасения всех. Он и спасает всегда всех, произволяющих спастись от потопления в житейском и греховном море, но не всегда спасает в корабле или в удобном, благоустроенном пристанище.

Он обетовал спасение святому апостолу Павлу и всем спутникам апостола. Он и дал это спасение, но апостол и его спутники спаслись не в корабле, который разбило, а с большим трудом, иные вплавь, другие на досках и различных обломках от корабля (*Деян. 27:21–49*).

О ХРАНЕНИИ СЕБЯ ОТ ДОБРА, ПРИНАДЛЕЖАЩЕГО ПАДШЕМУ ЕСТЕСТВУ ЧЕЛОВЕЧЕСКОМУ

Придет ли к тебе какая благая мысль? Остановись: никак не устремись к исполнению её с опрометчивостию, необдуманно. Ощутишь ли в сердце какое благое влечение? Остановись; не дерзай увлечься им. Справься с Евангелием. Рассмотри: согласны ли со всесвятым учением Господа благая мысль твоя и твое благое влечение сердечное. Вскоре усмотришь, что нет никакого согласия между евангельским добром и добром падшего человеческого естества. Добро нашего падшего естества перемешано со злом, а потому и само это добро сделалось злом, как делается ядом вкусная и здоровая пища, когда перемешают её с ядом. Хранись делать добро падшего естества! Делая это добро, разовьешь свое падение, разовьешь в себе самомнение и гордость, достигнешь ближайшего сходства с демонами. Напротив того, делая евангельское добро, как истинный и верный ученик Богочеловека, сделаешься подобным Богочеловеку. «Любяй душу свою, – сказал Господь, – погубит ю: и ненавидяй души своея в мире сем, в животъ вечный сохранит ю» (*Ин. 12, 25*).

«Иже хощет по Мне идти, да отвержется себе, и возьмет крест Свой, и по Мне грядет. Иже бо аще хощет душу свою спасти, погубит ю: а иже погубит душу свою Мене ради и Евангелия, той спасет ю» (*Мк. 8, 34–35*). Господь повелевает полное отвержение падшего естества, ненависть к его побуждениям, не только к явно злым, но и ко всем без исключения, и ко мнимо добрым. Великое бедствие – последовать правде падшего естества: с этим сопряжено отвержение Евангелия, отвержение Искупителя, отвержение спасения. «Кто... не возненавидит... души своей, не может Мой быти ученик» (*Лк. 14:26*), сказал Господь. Объясняя вышеприведенные слова Господа, Великий Варсонофий говорит: «Как отрекается от себя человек? – Лишь тем, что оставляет естественные желания и последует Господу. Посему-то и говорит Господь здесь собственно о естественном, а не о неестественном; ибо если кто оставит только неестественное, то он не оставил еще ничего своего собственного, ради Бога, потому что противуестественное не принадлежит ему. А тот, кто оставил естественное, всегда взывает с апостолом Петром: «се мы оставихом вся, и в след Тебе идохом, что убо будет нам?» (*Мф. 19:27–29.*) и слышит блаженный глас Господа, и обетованием удостоверяется в наследовании жизни вечной. Что оставил Петр, будучи не богат, и чем хвалился, если не оставлением естественных своих желаний? Ибо, если человек не умрет для плоти, живя духом, он не может воскреснуть душою. Как в мертвеце вовсе нет желаний естественных, так нет их и в духовно-умершем для плоти. Если ты умер для плоти, то как могут жить в тебе желания естественные? Если же ты не достиг меры духовной, а еще младенчествуешь умом, то смирись пред учителем, – «да накажет тя милостию» (*Псал. 140, 5.*) и «без совета ничего не делай» (*Сир. 32, 21*), хотя бы что и казалось тебе по-видимому добрым; ибо свет демонов обращается впоследствии во тьму»[14]. Точно тоже должно сказать и о свете падшего человеческого естества. Последование этому свету и развитие его в себе производит в душе совершенное омрачение и вполне отчуждает её от Христа. Чуждый христианства, чужд Бога: «всяк, отметаяйся Сына, ни Отца имать» (*1Ин. 2, 23.*) – безбожник.

В наш век, гордый своим преуспеянием, большинство человеков, провозглашающее себя и христианами и делателями обильнейшего добра, устремилось к совершению правды падшего естества, отвергнув с презрением правду евангельскую. Это большинство да услышит определение Господа: «приближаются Мне людие сии усты своими и устами чтут Ми: сердце же их далече отстоит от Мене. Всуе же чтут Ми, учаще учением, заповедем человеческим» (*Мф. 15, 8, 9*). Делатель правды человеческой исполнен сомнения, высокоумия, самообольщения; он проповедует, трубит о себе, о делах своих, не обращая никакого внимания на воспрещение Господа (*Мф. 6, 1–18.*); ненавистью и мщением платит тем, которые осмелились бы отворить уста для самого основательного и благонамеренного противоречия его правде; признает себя достойным и предостойным наград земных и небесных. Напротив того, делатель евангельских заповедей всегда погружен в смирение: сличая с возвышенностью и чистотою всесвятых заповедей свое исполнение их, он постоянно признает это исполнение крайне недостаточным, недостойным Бога; он видит себя заслужившим временные и вечные казни за согрешения свои, за нерасторгнутое общение с сатаною, за падение, общее всем человекам, за свое собственное пребывание в падении, наконец, за самое недостаточное и часто превратное исполнение заповедей. Пред каждою скорбью, посылаемой промыслом Божьим, он с покорностью преклоняет главу, ведая, что Бог обучает и образует скорбями служителей своих во время их земного странствования. Он милосердствует о врагах своих, и молится о них, как о братиях, увлекаемых демонами, как о членах единого тела, пораженных болезнью в духе своем, как о благодетелях своих, как о орудиях промысла Божия.

О СНОВИДЕНИЯХ

Демоны употребляют для возмущения и повреждения душ человеческих *сновидения*; также и сами неопытные иноки, обращая внимание на свои сны, вредят себе, по этой причине необходимо сделать здесь определение значения сновидений в человеке, которого естество еще не обновлено Святым Духом.

Во время сна человеческого состояние спящего человека устроено Богом так, что весь человек находится в полном отдохновении. Это отдохновение так полно, что человек во время его теряет сознание своего существования, приходит в самозабвение. Во время сна всякая деятельность, сопряженная с трудом и производимая произвольно под управлением разума и воли, прекращается: пребывает та деятельность, которая необходима для существования, и не может быть отделена от него. В теле кровь продолжает свое движение, желудок варит пищу, легкие отправляют дыхание, кожа пропускает испарину; в душе продолжают плодиться мысли, мечтания и чувствования, но не в зависимости от разума и произвола, а по действию бессознательному естества. Из таких мечтаний, сопровождаемых свойственным мышлением и ощущениями, составляется сновидение. Оно часто бывает странным, как не принадлежащее к системе произвольных и намеренных мечтаний и размышлений человека, но являющееся самопроизвольно и самонравно по закону и требованию естества. Иногда, сновидение носит на себе несвязный отпечаток произвольных размышлений и мечтаний, а иногда оно бывает последствием нравственного настроения. Таким образом сновидение, само по себе, не может и не должно иметь никакого значения. Смешно же и вполне нелогично желание некоторых видеть в бреднях сновидений своих предсказание своей будущности или будущности других или какое-нибудь другое значение. Как быть тому, на существование чего нет никакой причины?

Демоны, имея доступ к душам нашим во время бодрствования нашего, имеют его и во время сна. И во время сна они искушают нас грехом, примешивая к нашему мечтанию свое мечтание. Также, усмотрев в нас внимание ко снам, они стараются придать нашим снам занимательность, а в нас возбудить к этим бредням большее внимание, ввести нас мало по малу в доверие к ним. Такое доверие всегда сопряжено с самомнением, а самомнение делает наш умственный взгляд на нас самих ложным, отчего вся деятельность наша лишается правильности: это-то демонам и надо. Преуспевшим в самомнении демоны начинают являться в виде ангелов света, в виде мучеников и преподобных, даже в виде Божией Матери и Самого Христа, ублажают их жительство, обещают им венцы небесные, этим возводят на высоту самомнения и гордыни. Такая высота есть вместе и погибельная пропасть. Нам надо знать и знать, что в нашем состоянии, еще не обновленном благодатию, мы неспособны видеть иных сновидений, кроме составляемых бредом души и наветом демонов. Как во время состояния бодрости постоянно и непрестанно возникают в нас помыслы и мечтания из падшего естества, или приносятся демонами, так и во время сна мы видим только мечты по действию падшего естества и по действию демонов. Как утешение наше во время бодрствования нашего состоит из умиления, рождающегося от сознания грехов своих, от воспоминания о смерти и о суде Божием – только эти помыслы возникают в нас от живущей в нас благодати Божией, насажденной святым крещением, и приносятся нам Ангелами Божиими, сообразно нашему состоянию кающихся, так и во сне, весьма редко, при крайней нужде, представляют нам Ангелы Божии или кончину нашу, или адскую муку, или грозный присмертный и загробный суд. От таких сновидений мы приходим к страху Божию, к умилению, к плачу о себе. Но такие сновидения даются весьма редко подвижнику или даже и явному, и лютому грешнику по особенному неведомому смотрению Божию; даются весьма редко не по скупости к нам Божественной благодати – нет! По той причине, что все случающееся с нами вне общего порядка приводит нас в самомнение, и колеблет в нас смирение, столько необходимое для нашего спасения. Воля Божия, в исполнении которой заключается спасение человека, изображена в Священном Писании так ясно, так сильно, так подробно, что содействие спасению человеков нарушением общего порядка делается наиболее излишним и ненужным. Просившему воскрешения мертвеца и послания его к братиям для увещания их к переходу с широкого пути на тесный сказано: «Имут Моисея и Пророки: да послушают их». Когда же просивший возразил: «ни!.. но аще кто из мертвых идет к ним, покаются», то получил в ответ: «аще Моисея и Пророков не послушают, и аще кто из мертвых воскреснет, не имут веры» (*Лук. 16, 27–31*). Опыт показал, что многие, сподобившиеся во сне видения мытарств, страшного суда и других загробных ужасов, были потрясены видением на краткое время, потом рассеялись, забыли о виденном, и вели жизнь беспечную, напротив того не имевшие никаких видений, но поучавшиеся тщательно в законе Божием, постепенно пришли в страх Божий, достигли духовного преуспеяния, и в радости, рождаемой извещением спасения, перешли из земной юдоли скорбей в блаженную вечность.

Святой Иоанн Лествичник рассуждает об участии демонов в иноческих сновидениях нижеследующим образом: «Когда мы, оставив ради Господа дом и домашних, предадим себя по любви к Богу странничеству, тогда бесы, мстя за это, покушаются возмущать нас сновидениями, представляя нам родственников наших или рыдающими, или умирающими или держимыми в заключении и подвергающимися за нас напасти. Верующий снам подобен гонящемуся за своей тенью и покушающемуся поймать её. Бесы тщеславия соделываются в сновидениях пророками, предугадывая по пронырству своему будущее, и его предвозвещая нам, чтобы мы по исполнении видений пришли в недоумение, и, как уже близкие к дару предуведения, возвысились помыслом. Для тех, которые верят демону, он часто бывает пророком, а для тех, которые уничижают его, он всегда бывает лжецом. Будучи духом, он видит совершающееся в воздушном пространстве, и, уразумев, что кто-нибудь умирает, возвещает о том во сне легкомысленным. Демоны ничьего будущего не знают по предуведению, в противном случае и чародеи могли бы предсказывать нам смерть. Преобразуются демоны в ангелов света, принимают на себя часто образ мучеников и в сновидениях показывают нам общение наше с ними, а пробудившихся погружают в радость и возношение. Это да будет тебе признаком прелести (бесовского обольщения). Святые Ангелы показывают муку, суть смерть, отчего мы, проснувшись исполняемся трепета и сетования. Если начнем покоряться бесам в сновидениях, то они начнут издеваться над нами и в бодрственном состоянии. Верующий сновидениям, вполне неискусен, а неверующий никакому сну – истинно любомудр. Доверяй только тем снам, которые возвещают тебе муку и суд, если же по причине их зачнет тебя тревожить отчаяние, то и такие сны от бесов»[15].

Преподобный Кассиан Римлянин повествует о некотором иноке, уроженце Месопотамском, что он проводил самую уединенную и постническую жизнь, но погиб от обольщения бесовскими сновидениями. Демоны, усмотрев, что инок обращал мало внимания на свое развитие духовное, а устремил все внимание на телесный подвиг, и дал ему, а следовательно и себе, цену, начали представлять ему сновидения, которые по злохитрости бесовской сбывались на самом деле. Когда инок утвердился в доверенности к своим сновидениям и к себе, то диавол представил ему в великолепном сновидении иудеев, наслаждающимися небесным блаженством, а христиан, томимыми в адских муках. При этом демон – разумеется в образе ангела или какого ветхозаветного праведника – дал совет иноку принять иудейство для получения возможности принять участие в блаженстве иудеев, что инок без малейшего промедления и исполнил[16].

Достаточно сказанного для объяснения возлюбленным братиям нашим, современным инокам, сколько безрассудно внимать, тем более доверять снам, и какой страшный вред может родиться от доверия к ним. От внимания к сновидениям непременно вкрадывается в душу доверие к ним, и потому самое внимание строго воспрещается.

Естество, обновленное Святым Духом, управляется совершенно иными законами, нежели естество падшее и коснящее в своем падении. Правитель человека обновленного – Святый Дух. «На них же осияла Божественного Духа благодать, – сказал преподобный *Макарий Великий*, – и во глубине ума их водворилася: сим Господь яко душа есть»[17]. И в бодрствовании и во сне они пребывают в Господе, вне греха, вне земных и плотских помышлений и мечтаний. Помышления и мечтания их, находящиеся во время сна вне управления разумом и волею человеческими, действующие в прочих человеках бессознательно, по требованию естества, действуют в них под водительством Духа, и сновидения таких людей имеют духовное значение. Так праведный Иосиф во сне был научен таинству вочеловечения Бога-Слова; во сне повелено ему бежать в Египет и возвратиться из него (*Мф. 2:13–15*). Сновидения, посылаемые Богом, носят в самих себе неотразимое убеждение. Это убеждение понятно для святых Божиих и непостижимо для находящихся еще в борьбе со страстями.

О ЖИТЕЛЬСТВЕ ПО СОВЕТУ

Крупицами названо в предшествовавшей главе духовное жительство, предоставленное промыслом Божиим нашему времени. Оно основывается на руководстве в деле спасения Священным Писанием и писаниями святых Отцов, при совете и назидании, заимствуемых от современных отцов и братий. В собственном смысле это – послушание древних иноков, в ином виде, приспособленном к нашей немощи, преимущественно душевной. Древним послушникам их Духоносные наставники возвещали немедленно и прямо волю Божию: ныне иноки должны сами отыскивать волю Божию в Писании, и потому подвергаться частым и продолжительным недоумениям и погрешностям. Тогда преуспеяние было быстрым по свойству делания: ныне оно косно опять по свойству делания. Таково благоволение о нас Бога нашего: мы обязаны покорствовать ему, и со благодарением благоговеть перед ним. Наше современное иноческое жительство по Писанию и совету отцов и братий освящено примером главы монашества, преподобного *Антония Великаго*. Он не был в послушании у старца, но в новоначалии своем жил отдельно, и заимствовал наставления из Писания и от разных отцов и братий: у одного научился он воздержанию, у другого – кротости, терпению, смирению, у иного – строгой бдительности над собой, безмолвию, стараясь усвоить себе добродетель каждого добродетельного инока, всем оказывая по возможности послушание, смиряясь пред всеми и молясь Богу непрестанно[18]. Поступай и ты, новоначальный, таким образом! Оказывай настоятелю и прочему монастырскому начальству нелицемерное и нечеловекоугодливое послушание, послушание, чуждое лести и ласкательства, послушание ради Бога. Оказывай послушание всем отцам и братиям в их приказаниях, не противных Закону Божию, уставу и порядку монастыря и распоряжению монастырского начальства. Но никак не будь послушен на зло, если бы и случилось тебе потерпеть за нечеловекоугодие и твердость твою некоторую скорбь. Советуйся с добродетельными и разумными отцами и братиями, но усваивай себе советы их с крайней осторожностью и осмотрительностью. Не увлекайся советом по первоначальному действию его на тебя! По страстности и слепоте твоей иной страстный и зловредный совет может понравиться тебе единственно по неведению и неопытности твоей, или потому, что он угождает какой-либо сокровенной, неведомой тобою, живущей в тебе страсти. С плачем и сердечными воздыханиями умоляй Бога, чтоб Он не попустил тебе уклониться от Его всесвятой воли к последованию падшей человеческой воле, твоей или ближнего твоего, твоего советника. Как о своих помыслах, так и о помыслах ближнего, о его советах, советуйся с Евангелием. Тщеславие и самомнение любят учить и наставлять. Они не заботятся о достоинстве своего совета! Они не помышляют, что могут нанести ближнему неисцельную язву нелепым советом, который принимается неопытным новоначальным с безотчетливою доверенностию, с плотским и кровяным разгорячением! Им нужен успех, какого бы не был качества этот успех, какое бы не было его начало! Им нужно произвести впечатление на новоначального и нравственно подчинить его себе! Им нужна похвала человеческая! Им нужно прослыть святыми, разумными, прозорливыми старцами, учителями! Им нужно напитать свое ненасытное тщеславие, свою гордыню. Была справедливою молитва Пророка всегда, в особенности она справедлива ныне: «Спаси мя, Господи, яко оскуде преподобный, яко умалишася истины от сынов человеческих. Суетная глагола кийждо ко искреннему своему: устне льстивыя в сердце: и в сердце глаголаша злая» (*Псал. 11:2, 3*). Слово ложное и лицемерное не может не быть словом злым и зловредным. Против такого настроения необходимо принять меры осторожности. «Изучай Божественное Писание, – говорит Симеон, Новый Богослов, – и писания святых Отцов, особливо деятельныя, чтоб с учением их сличив учение и поведение твоего учителя и старца, ты мог их видеть (это учение и поведение) как в зеркале и понимать, согласное с Писанием усваивать себе и содержать в мысли, ложное же и худое познавать и отвергать, чтоб не быть обманутым. Знай, что в наши дни появилось много обманщиков и лжеучителей»[19]. Преподобный Симеон жил в десятом столетии по Рождестве Христовом, за девять веков до нашего времени, вот уже когда раздался голос праведника в святой Христовой Церкви о недостатке истинных, Духоносных руководителей, о множестве лжеучителей.

С течением времени более и более оскудевали удовлетворительные наставники монашества. Тогда святые Отцы начали более и более предлагать руководство Священным Писанием и писаниями Отеческими. Преподобный *Нил Сорский*, ссылаясь на Отцов, писавших прежде его, говорит: «Не малый подвиг, сказали они, найти непрелестного учителя сему чудному деланию (истинной иноческой сердечной и умной молитве). Они наименовали непрелестным того, кто имеет свидетельствованное Божественным Писанием делание и мудрствование и стяжал духовное разсуждение. И то, сказали святые Отцы, что и тогда едва можно было найти непрелестного учителя таким предметам; ныне же, когда они оскудели до крайности, должно искать со всею тщательностью. Если же не найдется, то святые Отцы повелели научаться из Божественнаго Писания, слыша Самого Господа, говорящего: «Испытайте Писания, и в них найдете живот вечный» (*Иоан. 5, 39*). «Елика бо преднаписана быша в Святых Писаниях, в наше наказание (наставление) преднаписашася» (*Рим. 15:4*)[20]. Преподобный Нил жил в 15-м столетии, он основал скит неподалеку от Бела-Озера, где и занимался молитвой в глубоком уединении. Полезно прислушаться старцам новейших времен, с каким смирением и самоотвержением отзывается преподобный Нил о наставлениях, которые он преподавал братии. «Никто не должен утаевать слова Божия по своему нерадению, но исповедывать свою немощь и вместе не скрывать истины Божией, чтоб не сделаться нам виновными в преступлении заповеди Божией. Не будем утаевать слова Божия, но будем возвещать его. Божественные Писания и слова святых Отцов многочисленны, как песок морский: неленостно изследывая их, преподаем приходящим к нам и нуждающимся в них (требующим, вопрошающим). Правильнее же: преподаем не мы, потому что мы недостойны этого, но преподают блаженные святые Отцы из Божественного Писания»[21]. Вот превосходный образец для современного наставления! Он вполне душеполезен для наставника и наставляемого, он правильное выражение умеренного преуспеяния, он соединен с отвержением самомнения, безумной наглости и дерзости, в которые впадают подражающие по наружности Великому Варсонофию и другим знаменоносным Отцам, не имея благодати Отцов. Что было в тех выражением обильного присутствия в них Святаго Духа: то в безрассудных, лицемерных подражателях служит выражением обильного невежества, самообольщения, гордости, дерзости. Возлюбленные отцы! Будем произносить слово Божие братиям нашим со всевозможным смирением и благоговением, сознавая себя недостаточными для сего служения и охраняя самих себя от тщеславия, которое сильно стужает людям страстным, когда они поучают братию. Подумайте, что мы должны воздать ответ за каждое праздное слово (*Мф. 12, 36*), тем тягостнее ответ за слово Божие, произнесенное с тщеславием и по побуждению тщеславия. «Потребит Господь вся устны льстивыя, язык велеречивый, рекшыя; язык наш возвеличим, устны наша при нас суть: кто нам Господь есть» (*Псал. 11, 4–5*). Потребит Господь ищущих славы своей, а не Божией. Устрашимся прощения Господня? Будем произносить слово назидания по требованию существенной необходимости, не как наставники, а как нуждающиеся в наставлении и тщащиеся соделаться причастниками наставления, преподаваемого Богом в Его всесвятом Слове. «Кийждо якоже прият дарование, – говорит святой апостол Петр, – между себе сим служаще, яко добрии строители различныя благодати Божия. Аще кто глаголет, яко словеса Божия», со страхом Божиим и благоговением к словам Божиим, а не как свои собственные слова, «аще кто служит, яко от крепости, юже подает Бог», а не как бы из своей собственной: «да о всем славится Бог, Иисус Христом» (1Петр. 4, 10–11). Действующий из себя, действует для тщеславия, приносит и себя и послушающих его в жертву сатане; действующий из Господа, действует в славу Господа, совершает свое спасение и спасение ближних Господом, единым Спасителем человеков. Будем страшиться преподания новоначальному какого-либо необдуманного наставления, не основанного на слове Божием и на духовном разумении слова Божия. Лучше сознаться в неведении, нежели выказать ведение душевредное. Охранимся от великого бедствия – превратить легковерного новоначального из раба Божия в раба человеческого (1Кор. 7, 23), привлекши его к творению падшей воли человеческой и вместо всесвятой воли Божией[22]. Скромное отношение советника к наставляемому – совсем другое, нежели старца к безусловному послушнику, рабу о Господе.

Совет не заключает в себе условия непременно исполнять его, он может быть исполнен и неисполнен. На советнике не лежит никакой ответственности за совет его, если он подал его со страхом Божиим и смиренномудрием, не самопроизвольно, а будучи спрошен и понужден. Также и получивший совет не связывается им, на произволе и рассуждении его остается исполнить или не исполнить полученный совет. Очевидно, как путь совета и последования Священному Писанию сообразен с нашим слабым временем. Заметим, что отцы воспрещают давать советы ближнему по собственному побуждению, без вопрошения ближнего, самовольное преподание совета есть признак сознания за собою ведения и достоинства духовных в чем – явная гордость и самообольщение[23]. Это не относится к настоятелям и начальникам, которые обязаны во всякое время, при всякой встретившейся нужде, и не будучи спрошены, наставлять врученное им братство (*2Тим. 4, 2*). Но, при посещении других монастырей, они должны руководствоваться советом преподобного *Макария Александрийского* преподобному *Пахомию Великому*. Пахомий спросил Макария о наставлении братий и суде над ними. Авва Макарий отвечал: «Учи и суди своих подчиненных, и не суди никого их посторонних» [24]. Это правило соблюдали и соблюдают все настоятели, желающие благоугодить Богу.

ОБ ОТШЕЛЬНИЧЕСКОЙ ЖИЗНИ

Да не будет сокрытым от возлюбленнейших братий, что возвышеннейшие роды иноческого жительства, как-то отшельничество в глубокой пустыне или безмолвие в затворе, также жительство при Духоносном старце с безусловным послушанием ему, устроились не по случаю, не по произволу и разуму человеческому, но по особенному смотрению, определению, призванию и откровению Божию. Антоний Великий, глава монашества, учредитель пустынножития, удалился в пустыню, уже облекшись силою Свыше, и не иначе, как призванный Богом. Хотя этого и не сказано ясно в житии его, но дальнейшие события жизни Преподобного доказывают это с ясностью. О том же, что в глубочайшую (внутреннюю) пустыню для строжайшего безмолвия он был наставлен Божественным гласом и повелением, сказано и в житии его[25]. Преподобному Макарию Великому, современнику преподобного Антония, несколько младшему его, явился Херувим, показал бесплодную, дикую равнину – впоследствиии знаменитый Египетский Скит – заповедал поместиться в ней на жительство, и обетовал, что пустынная равнина населится множеством отшельников[26]. *Арсений Великий*, находясь в царских палатах, молил Бога, чтоб ему указан был путь спасения, и услышал глас: «Арсений! бегай от человеков и спасешься». Арсений удалился в упомянутый Скит, там снова умолял Бога наставить его спасению и снова услышал глас: «Арсений! Убегай (человеков), молчи, безмолвствуй: это корни безгрешия»[27]. Преподобная Мария Египетская призвана к отшельничеству в Заиорданской пустыне повелением Божьиим[28]. Бог, призывавший к безмолвию и отшельничеству избранных Своих, то есть тех, которых Он провидел способными к безмолвию и отшельничеству, предоставлял им такие пособия и средства для этого жительства, каких человек сам по себе иметь не может. И в те времена, в которые монашество процветало, в которые много было Духоносных руководителей, редкие признавались способными к безмолвию, в особенности к отшельничеству. «Истинное, разумное безмолвие, – говорит святой Иоанн Лествичник, – могут проходить немногие, и именно только те, которые стяжали Божественное утешение, поощряющее их в подвигах и помогающее в бранях»[29]. «Безмолвие губит неопытных»[30]. Затворники и отшельники часто подвергались величайшим душевным бедствиям: подвергались бедствиям те из них, которые вступили в затвор самопроизвольно, не призванные Богом.

В Прологе читается следующая повесть: в Палестине был некоторый монастырь при подошве большого и высокого утеса, а в утесе был вертеп (пещера) над монастырем. Монахи того монастыря рассказывали: «За несколько времени пред сим один из нашего братства возымел желание жить в вертепе, что в горе, и просил о том игумена. Игумен имел дар рассуждения. Он сказал брату: «Сын мой, как ты хочешь жить один в вертепе, еще нисколько не преодолев плотских и душевных страстных помыслов? Желающему безмолвствовать должно быть под руководством наставника, а не самому управлять собою. Ты, нисколько не достигши надлежащей меры, просишь у моей худости, чтоб я дозволил тебе одному жить в вертепе, а я думаю, что ты не разумеешь различных сетей диавольских. Гораздо лучше тебе служить отцам, получать от Бога помощь их молитвами, с ними в назначенные часы славить и воспевать Владыку всех, нежели одному бороться с нечестивыми и злохитрыми помыслами. Не слышал ли ты, что говорит Богогласный Отец Иоанн, писатель Лествицы: «Горе жительствущему наедине, если он впадет в уныние или ленность, то некому восставить его! А где два или три собраны во имя Мое, там Я посреди их, сказал Господь». Так говорил ему игумен, но не мог отвлечь инока от душепагубных помыслов. Видя непреодолимое желание брата и неотступные его просьбы, игумен, наконец, дозволил ему жить в вертепе. Напутствованный молитвою игумена, он взошел в вертеп. В часы употребления пищи приносил её к вертепу один из монастырской братии, а затворник имел на веревке корзину, которую спускал, и принимал пищу. Когда он пробыл несколько времени в вертепе, диавол, всегда борющийся с желающими жить богоугодно, начал смущать его злыми помыслами день и ночь; чрез несколько же дней, преобразившись в светлого ангела, явился к нему и сказал: «Да будет тебе известно, что ради твоей чистоты и благонравного жития Господь послал меня прислуживать тебе». Монах отвечал: «Что сделал я доброго, чтобы ангелы служили мне?» Диавол возразил: «Все, что ты сделал, велико и высоко. Ты оставил красоты мира, и сделался монахом, трудишься в посте, молитвах и бдении; опять ты, оставив монастырь, поместился на жительство здесь: как же ангелам не служить твоей святыне?» Этими речами душегубец-змей привел его в надмение, в гордость и начал постоянно являться ему. Однажды некоторый человек, обокраденный ворами, пошел к монаху. Нечистый бес, который обольщая его, являлся ему в виде ангела, сказал ему: «Этот человек окраден ворами; украденное скрыто в таком-то месте: скажи ему, чтоб он пошел туда и взял свое». Человек, пришедши к вертепу, поклонился, а монах сверху говорит ему: «Хорошо, брат, что ты пришел! Я знаю: тебя постигла скорбь, потому что к тебе приходили воры, украли и то и то. Не печалься! Они положили украденное там-то: поди туда и найдешь все, а за меня молись». Человек удивился, послушался и нашел украденное. Он прославил монаха во всей стране той, говоря, что монах, живущий в вертепе, пророк. К монаху начало стекаться множество людей; слушая его, они приходили в удивление от учения, которое он преподавал по внушению диавола. Он предсказывал, и предсказания его сбывались. Несчастный провел немалое время в таком обольщении. Во второй день второй недели по вознесении Господа нашего Иисуса Христа скверный бес явился монаху и сказал ему: «Знай, отец, что ради непорочного и равноангельного жития твоего придут другие ангелы, и тебя, в теле, возьмут на небо: там, со всеми ангелами, будешь наслаждаться зрением неизреченной красоты Господней». Бес, сказавши это, сделался невидим. Но человеколюбивый и многомилостивый Бог, нехотящий погибели человеческой, вложил в сердце монаху возвестить о случившемся игумену. Когда пришел брат, обычно приносивший пищу затворнику, затворник, выглянув из вертепа, сказал ему: «Брат! Поди, скажи игумену, чтоб пришел сюда». Брат передал это игумену. Игумен поспешил придти; по лестнице взошел он в вертеп к затворнику и сказал ему: «По какой причине, сын мой, ты повелел мне придти сюда?» Он отвечал: «Чем воздам тебе, святой отец, за все, что ты сделал для моего недостоинства!» Игумен сказал: «Что доброе сделал я тебе?» Монах: «Поистине, отец, чрез посредство твое я сподобился многих и великих благ. Тобою я облечен в ангельский образ; при твоем посредстве вижу ангелов, и сподобляюсь беседовать с ними; при твоем посредстве я приял дар прозорливства и пророчества». – Игумен, услышав это, удивился и сказал: «Несчастный! Ты ли видишь ангелов? Ты ли сподобился дара прозорливства? Горе тебе, несчастный! Не говорил ли я тебе: не ходи в вертеп, чтоб бесы не обольстили тебя». Когда игумен говорил это, брат возражал ему так: «Не говори этого, честный отец! Ради твоих святых молитв я вижу ангелов: завтра же я буду вознесен ими на небеса с телом моим. Да ведает твоя святыня, что я хочу просить у Господа Бога нашего, чтоб и тебя взяли ангелы, чтоб и ты был со мною в небесной славе». Услышав это, игумен грозно сказал ему: «Ты обольщен демоном, несчастный! Однако, если я пришел сюда, то не уйду отсюда: останусь здесь посмотреть, что случится с тобою. Скверных бесов, которых ты называешь ангелами, я не увижу, но ты, когда увидишь, что они пришли, скажи мне». Игумен велел взять прочь лестницу, и остался в вертепе с прельщенным, пребывая в посте и непрестанном псалмопении. Когда наступил час, в который прельщенный надеялся вознестись на небеса, он увидел пришедших бесов и сказал: «Пришли, отец». Тогда игумен обнял его и возопил: «Господи, Иисусе Христе, Сыне Божий, помоги прельстившемуся рабу твоему и не попусти нечистым бесам возобладать им». Когда игумен говорил это, бесы схватили и начали тащить прельщенного, усиливаясь исторгнуть его из объятий игумена. Игумен запретил бесам. Они, сорвав с прельщенного мантию его, исчезли. Мантия была видна возносящеюся по воздуху на высоту и, наконец, скрылась. По прошествии довольного времени мантия опять показалась летящею вниз и упала на землю. Тогда старец сказал прельщенному: «Безумный и несчастный! Видишь, как бесы поступили с твоею мантией: так намеревались поступить они и с тобой. Они намеревались тебя, как Симона волхва, вознести на воздух и спустить вниз, чтоб ты сокрушился и бедственно изверг окаянную душу». Игумен призвал монахов, велел им принести лестницу, свел прельщенного из вертепа в монастырь и назначил ему служение в пекарне, в поварне и в прочих монастырских послушаниях, чтоб смирились его помыслы. Таким образом он спас брата» [31].

Тяжкому искушению подверглись по причине рановременного вступления в затвор наши соотечественники, преподобные Исаакий[32] и Никита[33] Печерские. Заметно из жизнеописания преподобного Исаакия, современника преподобных Антония и Феодосия, что он вступил в затвор по собственному произволу. Он проходил усиленнейший телесный подвиг; стремление к подвигу, еще более усиленному, внушило ему заключиться в одной из теснейших пещер Киево-Печерского монастыря. Пищей его была просфора, а питием – вода, и эту скуднейшую пищу он принимал чрез день. При таком усиленном телесном подвиге и при недостатке опытных сведений о подвиге и борьбе душевных, невозможно не дать некоторой цены и подвигу своему и себе. На внутреннем настроении подвижника обыкновенно основывается искушение, наносимое ему бесами. «Если человек, – говорит преподобный *Макарий Египетский*, – сам собой не даст повода сатане подчинить его своему влиянию: то сатана никак не может возобладать им насильно»[34]. Бесы предстали Исаакию в виде светлых ангелов; один из них сиял более других; бесы назвали его Христом и требовали поклонения ему от подвижника. Подвижник поклонением, подобающим единому Богу и возданным дьяволу, подчинил себя бесам, которые измучили его насильственным телодвижением (плясанном) до полусмерти. Преподобный Антоний, прислуживавший затворнику, пришел к нему с обычной пищей, но увидев, что затворник не подает никакого голоса, и поняв, что с ним случилось что-нибудь особенное, разломал с помощью других монахов вход, наглухо заложенный, в пещеру Исаакия. Его вынесли, как мертвого и положили пред пещерой; заметив же, что он еще жив, снесли в келью на постель. Преподобные Антоний и Феодосий, один вслед за другим, ходили за ним. Исаакий от искушения расслабел умом и телом: не мог ни стоять, ни сидеть, ни, лежа, поворотиться со стороны на сторону; он лежал в течении двух лет неподвижно, нем и глух. На третий год он проговорил и просил, чтоб его подняли и поставили на ноги. Потом начал учиться ходить, как дитя, но не выражал никакого желания, ниже мысли посетить *церковь*; к этому едва и насильно принудили его; он начал мало-помалу ходить в храм Божий. После этого начал ходить и в трапезу, и мало-помалу научился употреблять пищу; в те два года, в которые он лежал неподвижно, он не вкусил ни хлеба, ни воды. Наконец, он освободился совершенно от страшного и чудного впечатления, произведенного на него явлением и действием бесов. Впоследствии преподобный Исаакий достиг высоких мер святости. Преподобный Никита был моложе преподобного Исаакия, но современен ему. Увлекаемый ревностью, он просил игумена благословить его на подвиг в затворе. Игумен – был тогда игуменом преподобный Никон – возбранил ему, говоря: «Сын мой! Неполезно тебе, молодому, быть в праздности. Лучше жить с братией: служа им, ты не погубишь мзды своей. Ты сам знаешь, как Исаакий пещерник был прельщен бесами в затворе: он погиб бы, если б особенная благодать Божия, за молитвы преподобных отцов наших, Антония и Феодосия, не спасла его». Никита отвечал: «Я никак не прельщусь чем-нибудь подобным, но желаю крепко стать против бесовских козней и молить человеколюбца Бога, чтоб он и меня сподобил дара чудотворения, как Исаакия затворника, который и поныне совершает многие чудеса». Игумен опять сказал: «Желание твое выше твоей силы; блюди, чтоб, вознесшись, не ниспасть. Я, напротив того, повелеваю тебе служить братии, и получишь венец от Бога за твое послушание». Никита, увлекаемый сильнейшею ревностью к затворническому житию, нисколько не хотел внимать тому, что говорил ему игумен. Он исполнил задуманное: заключил себя в затворе и пребывал в нем, молясь и никуда не выходя. По прошествии некоторого времени, однажды, в час молитвы, он услышал голос, который молился вместе с ним, и обонял необыкновенное благоухание. Обольстившись, он сказал сам себе: «Если б это не был ангел, то он не молился бы со мною, и не было бы слышно благоухание Святаго Духа. Затем Никита стал прилежно молиться, говоря: «Господи, явись мне Сам разумно, да вижу Тебя». Тогда был к нему глас: «Ты молод! Не явлюсь тебе, чтоб ты, вознесшись, не ниспал». Затворник со слезами отвечал: «Господи! Я никак не прельщусь, потому что игумен научил меня не внимать бесовской прелести, а сделаю все, что ты мне ни прикажешь». Тогда душепагубный змей, прияв над ним власть, сказал: «Невозможно человеку, находящемуся во плоти, видеть меня, но вот! Я посылаю ангела моего, чтоб пребывал он с тобою: ты исполняй его волю». С этими словами предстал пред затворника бес в виде ангела. Никита пал к ногам его, покланяясь ему, как ангелу. Бес сказал: «Отселе ты уже не молись, но читай книги, чрез что вступишь в непрестанную беседу с Богом и получишь возможность преподавать душеполезное слово приходящим к тебе, а я буду непрестанно молить Творца всех о твоем спасении». Затворник, поверив этим словам, обольстился еще более: он перестал молиться, занялся чтением, видел беса непрестанно молящимся, радовался, полагая, что ангел молится за него. Потом он начал много беседовать с приходящими из Писания и проповедовать подобно Палестинскому затворнику. О нем пошла слава между мирскими людьми и при великокняжеском дворе. Собственно он не пророчествовал, а сказывал приходящим, будучи извещаем соприсутствовавшим бесом, где положено украденное, где что случилось в дальнем ему месте.

Во времена наши в Москве, в доме умалишенных, находился подобный пророк, к которому стекалось множество любопытных. Имя пророку – Иван Яковлевич. Некоторого пустынного монаха посетили московские жители и начали пред ним выхволять своего пророка. Они говорили, что в даре прозорливства его убедились собственным опытом, спросив его о своем родственнике, находившемся в Нерчинске в каторжной работе. Иван Яковлевич с час времени не давал ответа. Когда вопросившие понуждали скорее дать ответ, то он сказал им: «А до Нерчинска далеко-ли?» Они отвечали: «Более 6000 верст». – Так скоро ли туда сбегаешь! – возразил пророк. Ответ его состоял в том, что у ссыльного обтерлись ноги до крови. Чрез несколько времени вопрошавшие получили от Нерчинского родственника письмо, в котором он описывал тяжесть своего положения и упоминал, что ноги его обтерты до крови кандалами. «Представьте себе, каково прозорливство Ивана Яковлевича!» – заключили таким возгласом рассказ свой москвичи. Монах отвечал: «Прозорливства тут нет, а тут – очевидное сношение с падшими духами. Святой Дух не имеет нужды во времени: Он немедленно возвещает тайны и земные, и небесные. Иваном Яковлевичем посылан был находившийся при нем бес из Москвы в Нерчинск, и принес сведение пустое, вещественное, удовлетворяющее тщеславию пророка и любопытству плотских людей, его вопрошавших. Святый Дух всегда возвещает что-нибудь духовное, душеспасительное, существенно нужное, а падший дух возвещает всегда что-либо плотское, как пресмыкающийся по своем падении в греховных страстях и вещественности». В образец действия и характера, принадлежащих святому прозорливству, даруемому Богом, представляем замечательное событие из церковной истории. Святой *Афанасий Великий*, архиепископ Александрийский, поведая епископу Аммонию о бегстве своем от императора Иулиана богоотступника, говорит: «В эти времена я видел великих мужей Божиих, Феодора, настоятеля Тавенисиотских монахов и Паммона, авву монахов, живших в окрестностях Антинои. Я, вознамерившись укрыться у Феодора, взошел в его лодку, которая была прикрыта со всех сторон; Паммон сопутствовал нам по чувству уважения. Ветер не благоприятствовал; я молился в стесненном сердце: монахи Феодора, вышедши на берег, тащили лодку. Авва Паммон, видя печаль мою, утешал меня. Я отвечал ему: поверь мне, что сердце мое не имеет столько мужества во время мира, сколько имеет во время гонений: потому что, страдая за Христа и укрепляемый Его благодатью, уповаю получить тем большую милость от Него, хотя бы и убили меня. Еще я не кончил этих слов, как Феодор взглянул на авву Паммона и улыбнулся; Паммон взаимно взглянул на него, улыбаясь. Я сказал им: «С чего смеетесь вы словам моим, не обвиняете ли меня в робости?». Феодор, обратясь к Паммону, говорит: «Скажи Патриарху причину нашего смеха». Паммон отвечал: «Это принадлежит тебе». Тогда Феодор сказал: «Сей час убит Иулиан в Персии, как предрек о нем Бог: «презорливый и обидчивый муж и величавый ничесоже скончает» (*Аввак. 2, 5*). Восстанет император христианин, муж превосходный, но жизни краткой. Почему не углубляйся в Фиваиду, не утруждай себя, но тайно отправься навстречу новому императору:

ты увидишься с ним на пути, будешь принят им очень благосклонно и возвратишься к своей Церкви, а его возьмет Бог скоро из этой жизни. Все и случилось так»[35].

Так он дал знать великому князю Изяславу о убиении Новгородского князя Глеба, и совет послать в Новгород на княжение великокняжеского сына. Этого достаточно было для мирян, чтоб провозгласить затворника пророком. Замечено, что миряне и самые монахи, не имеющие духовного рассуждения, почти всегда увлекаются обманщиками, лицемерами и находящимися в бесовской прелести, признают их за святых и благодатных. Никто не мог сравняться с Никитою в знании Ветхого Завета; но он не терпел Нового Завета, никогда не заимствовал своей беседы из Евангелия и Апостольских Посланий, не позволял, чтоб кто из посетителей его напомнил что-либо из Нового Завета. По этому странному направлению его учения отцы Киево-Печерского монастыря уразумели, что он прельщен бесом. Тогда в монастыре было много святых иноков, украшенных благодатными дарами. Они молитвою своею отогнали беса от Никиты; Никита перестал видеть его. Отцы вывели Никиту из затвора и спрашивали, чтоб он сказал им что-нибудь из Ветхого Завета; но он с клятвою утверждал, что никогда не читал этих книг, которые прежде знал наизусть. Оказалось, что он забыл даже читать от впечатления произведенного бесовскою прелестью, и едва, с большим трудом, снова выучили его чтению. Молитвами святых Отцов приведенный в себя, он познал и исповедал свой грех, оплакал его горькими слезами, достиг высокой меры святости и дара чудотворения смиренным житием посреди братства. Впоследствии святой Никита хиротонисан во епископа Новгородского.

Новейшие опыты подтверждают то, что с ясностью доказывают опыты времен прошедших. И ныне прелесть – так на монашеском языке называется самообольщение, соединенное с бесовским обольщением – бывает непременным последствием преждевременного удаления в глубокое уединение или особенного подвига в келейном уединении. В то время, как писатель этих аскетических советов, юношей, в 1824– 1825-м годах, посещал Александро-Невскую лавру для совещания о своих помыслах с монахом Иоанникием, свечником лавры, учеником старцев Феодора и Леонида, ходили к этому монаху, для духовного совета, многие миряне, проводившие аскетическую жизнь[36]. Ходил к нему и Павловского полка солдат Павел, недавно обратившийся из раскола, бывший прежде наставником раскольников, грамотный. Лицо Павла сияло радостью. Но он, по возгоревшемуся в нем сильнейшему усердию, предался неумеренному и несообразному с его устроением телесному подвигу, имея о душевном подвиге недостаточное понятие. Однажды ночью, Павел стоял на молитве. Внезапно около икон явился солнцеобразный свет и посреди света сияющий белизною голубь. От голубя раздался глас: «Прими меня: Я – Святый Дух; пришел соделать тебя моею обителью». Павел выразил радостное согласие. Голубь взошел в него через уста, и Павел, изможденный постом и бдением, внезапно ощутил в себе сильнейшую блудную страсть: он кинул молитву, побежал в блудилище. Голодная его страсть сделала насыщение страстью ненасыщаемым. Все блудилища и все доступные для него блудницы соделались его постоянным притоном. Наконец, он опомнился. Обольщение свое бесовским явлением и осквернение последствиями прелести изложил он в письме к иеросхимонаху Леониду, жившему тогда в Александре-Свирском монастыре. В письме проявлялось прежнее высокое духовное состояние падшего. Упомянутый юноша был тогда келейником иеросхимонаха Леонида (1827–1828 годы), и читал по благословению старца письмо Павла. Иеросхимонах Леонид весной 1828 года переместился из Свирского монастыря первоначально в Площанскую, потом в Оптину Пустынь. Ему сопутствовал его келейник, который при этом случае посетил некоторые монастыри Калужской и Орловской епархий. Когда он был в знаменитой Белобережской пустыне, тогда славился там подвижническою жизнию рясофорный монах Серапион, видевший при своем уединенном келейном правиле ангела. Не только миряне, но и монахи – так как у нас в России господствует телесный подвиг, а о душевном почти утрачено самое понятие – прославляли Серапиона и выставляли в образец монашеской жизни. В 1829 году Серапион переместился по причине душевного расстройства в Оптину Пустынь для руководства советами иеросхимонаха Леонида. В одно из совещаний с старцем он вытащил значительную часть бороды у старца. Серапион, помещенный в скиту Оптиной Пустыни по уважению к его подвижнической славе, пришел однажды ночью к начальнику скита, иеромонаху Антонию, возвещая, что Иоанн Предтеча сейчас явился ему и велел зарезать сего Антония, иеросхимонаха Леонида, иеромонаха Гавриила и помещика Желябовского, гостившего тогда в скиту. «Да где же у тебя нож?», – спросил его догадливый и неустрашимый Антоний. «У меня нет ножа», – отвечал прельщенный. «Так что же ты приходишь резать без ножа?» – возразил Антоний и удалил в келью прельщенного, которого должно было передать в дом умалишенных, где он и скончался. Пред кончиною, как слышно, Серапион опомнился и отошел с надеждою спасения. Должно заметить, что падший дух желая овладеть Христовым подвижником, не действует властительски, но ищет привлечь согласие человека на предлагаемую прелесть и по получении согласия овладевает изъявившим согласие. Святой Давид, описывая нападение падшего ангела на человека, выразился со всею точностью, сказав: «Ловит, еже восхитити нищаго, восхитити нищаго внегда привлещи и в сети своей» (*Псал. 9:30*). Святый Дух действует самовластно, как Бог; приходит в то время, как смирившийся и уничиживший себя человек отнюдь не чает пришествия Его. Внезапно изменяет ум, изменяет сердце. Действием своим объемлет всю волю и все способности человека, не имеющего возможности размышлять о совершающемся в нем действии. Благодать, когда будет в ком, не показывает чего-либо обычного или чувственного, но тайно научает тому, чего прежде не видел и не воображал никогда. Тогда ум тайно научается высоким и сокровенным тайнам, которых, по Божественному Павлу, не может видеть человеческое око, ниже постигнуть ум сам собою... Ум человеческий, сам собою, не будучи соединен с Господом, рассуждает по силе своей. Когда же соединится с огнем Божества и Святым Духом, тогда бывает весь обладаем Божественным Светом, соделывается весь светом, воспаляется в пламени Всесвятого Духа, исполняется Божественного разума, и невозможно ему в пламени Божества мыслить о своем, и о том, о чем хотел бы». Так говорил преподобный Максим Капсокаливит преподобному Григорию Синайскому[37].

Напротив того, при демонском явлении всегда предоставляется свобода человеку рассудить о явлении, принять или отвергнуть его. Это явствует из попыток демона обольстить святых Божиих. Однажды, когда преподобный Пахомий Великий пребывал в уединении вне монастырской молвы, предстал ему диавол в великом свете, говоря: «Радуйся, Пахомий! Я – Христос, и пришел к тебе, как к другу моему». Святый, рассуждая сам с собою, помышлял: «Пришествие Христа к человеку бывает соединено с радостью, чуждо страха. В тот час исчезают все помышления человеческие: тогда ум весь вперяется в зрение видимого. Но я, видя этого представившегося мне, исполняюсь смущения и страха. Это – не Христос, а сатана».

После этого размышления Преподобный с дерзновением сказал явившемуся: «Диавол! Отыди от меня: проклят ты, и видение твое, и коварство лукавых замыслов твоих». Диавол немедленно исчез, исполнив келию смрада[38].

Невозможно человеку, находящемуся еще в области плотского мудрования, не получившему духовного воззрения на падшее человеческое естество, не давать некоторой цены делам своим и не признавать за собою некоторого достоинства, сколько бы такой человек не произносил смиренных слов, и как бы ни казался смиренным по наружности. Истинное смирение несвойственно плотскому мудрованию и невозможно для него: смирение есть принадлежность духовного разума. Говорит преподобный *Марк Подвижник*: «Те, которые не вменили себя должниками всякой заповеди Христовой, чтут Закон Божий телесно, не разумея ни того, что говорят, ни того, на чем основываются: потому и мнят исполнить его "делами"»[39].

Из слов преподобного Отца явствует, что признающий за собою какое-либо доброе дело, находится в состоянии самообольщения. Это состояние самообольщения служит основанием бесовской прелести: падший ангел в ложном, гордом понятии христианина находит пристанище, к этому понятию удобно прививает свое обольщение, а посредством обольщения подчиняет человека своей власти, ввергает его в так называемую бесовскую прелесть. Из вышеприведенных опытов видно, что ни один из прельстившихся не признал себя недостойным видения Ангелов, следовательно признавал в себе некоторое достоинство. Иначе и не может судить о себе плотский и душевный человек. Потому-то святые Отцы и сказали вообще о всех подвижниках, недостаточно образованных душевным деланием, и неосененных благодатию, что безмолвие губит их.

Поучительно поведение преподобных Варсонофия Великого и спостника его Иоанна Пророка, которые сами были затворниками в общежитии аввы Серида, относительно затворников и безмолвия. Все братия того монастыря, или по крайней мере большая часть братий, руководствовались наставлениями этих великих угодников Божиих, преисполненных Духа Божия; руководствовался их наставлениями и сам игумен Серид, которого Варсонофий Великий называл сыном. Серид и прислуживал святому Старцу, пребывавшему безвыходно в келии, принимавшему к себе одного Серида и чрез него дававшему письменные ответы прочим братиям. Братия монастыря, руководимые назиданиями Боговдохновенных мужей, оказывали быстрое и обильное духовное преуспеяние. Некоторые из них сделались способными к затворнической жизни, к которой были призваны провидевшим способность их Богом. Так Великий Варсонофий предвозвестил Иоанну Миросавскому, что ему предназначено Богом безмолвие, и, приуготовив этого инока жизнию по евангельским заповедям среди иноческого общества, в горниле послушаний, в свое время, указанное Богом, ввел его в затвор[40]. Из переписки Великого Варсонофия с Иоанном Миросавским видно, что Иоанн и по вступлении в затвор обуревался страстными помыслами. Другие иноки, которым попущен был затвор, возмущались страстями еще более; но затвор им не воспрещался. Напротив того, преподобному авве Дорофею, отличавшемуся и мирскою и духовною мудростию, способностию руководить других иноков, доказавшему этот духовный дар на самом деле, духоносные старцы воспретили затвор, сколько он ни желал его. «Безмолвие, – говорили они ему, – дает повод человеку к высокоумию прежде, нежели он приобретет себя, то есть, будет непорочен. Тогда только имеет место истинное безмолвие, когда человек уже понес крест. И так, если будешь сострадать ближним, то получишь помощь, если же удержишь себя от сострадания, желая взойти в то, что выше твоей меры, то знай, что потеряешь и то, что имеешь. Не уклоняйся ни во внутрь, ни во вне, но держись средины, разумевая, что есть воля Господня, «яко дние лукавы суть» (*Еф.5, 16*)[41].

Слова мои значат: не дерзать на безмолвие, и не нерадеть о себе, когда находишься среди попечений: вот средний путь, безопасный от падения. В безмолвии должно иметь смирение, и при попечениях бдительность над собою, и удерживать свой помысл. Все сие не ограничивается каким-нибудь определенным временем. Всякий должен с благодарением терпеть то, что по необходимости постигает его. Чем более человек нисходит в смирение, тем более преуспевает. Пребывание в келлии не делает тебя опытным, потому что ты пребываешь в ней без скорби очевидно: по недостижению брани с бесами, что затворенного в келлии приводит в такую тяжкую скорбь и борьбу, каковые вовсе неизвестны общежительному иноку[42]. А чрез то, что прежде времени оставишь все попечения, враг готовит тебе не покой, а более смущения, так что заставит тебя наконец сказать: «Лучше бы я не родился»[43]. Преподобный Дорофей, признаваемый вселенскою Церковью святым, один из превосходнейших аскетических писателей, пребыл в общежитии среди братства, а по кончине святых наставников основал свой монастырь и был его настоятелем. Святой Иоанн Лествичник замечает, что наклонные к высокоумию и другим душевным страстям никак не должны избирать для себя жительства уединенного, а пребывать посреди братства и спасаться деланием заповедей[44]: потому что всякое жительство, в пустыне ли, в общежитии ли, когда оно согласно с волею Божиею, и когда цель его — угождение Богу, преблаженно[45]. От преждевременного затвора прозябает бесовская прелесть, не только очевидная, но и невидимая по наружности: мысленная, нравственная, несравненно более опасная, нежели первая, как врачующаяся весьма трудно, а часто и неспособная к уврачеванию. Этот род прелести, основывающийся на высокоумии, называется святыми Отцами *мнением*[46], и заключается в том, когда подвижник примет ложные понятия о духовных предметах и о себе, сочтет их истинными. Ложным понятиям и созерцаниям, по естественным сочувствию и содействию ума сердцу и сердца уму, непременно сопутствуют обольстительные, сладостные, сердечные ощущения: они — не что иное, как действие утонченных сладострастия и тщеславия. Зараженные этою прелестью делались проповедниками ложного аскетического учения, а иногда и ересиархами для вечной погибели своей и ближних. Святой Исаак Сирский в 55-м Слове упоминает, что некто Малпас проводил в отшельничестве строжайшую подвижническую жизнь с целью достичь высокого духовного состояния, впал в высокоумие и явную бесовскую прелесть, соделался изобретателем и начальником ереси евктитов. В образец аскетической книги, написанной из состояния прелести, именуемой *мнением,* можно привести сочинение Фомы Кемпийского под названием *Подражание Иисусу Христу.* Оно дышет утонченным сладострастием и высокоумием, которые в людях ослепленных и преисполненных страстями производят наслаждение, признаваемое ими вкушением Божественной благодати. Несчастные и омраченные! Они не понимают, что, обоняв утонченную воню живущих в себе страстей, они наслаждаются ею, признают её в слепоте своей вонею благодати! Они не понимают, что к духовному наслаждению способны одни святые, что духовному наслаждению должно предшествовать покаяние и очищение от страстей, что грешник неспособен к духовному наслаждению, что он должен сознавать себя недостойным наслаждения, отвергать его, если оно начнет приходить к нему, отвергать как несвойственное себе, как явное и пагубное самообольщение, как утонченное движение тщеславия, высокоумия и сладострастия. Подобно Малпасу достигли в отшельничестве сильнейшей бесовской прелести Франциск д'Асиз, Игнатий Лоиола и другие подвижники Латинства[47], признаваемые в недре его святыми. «Когда Франциск был восхищен на небо, – говорит писатель жития его, – то Бог Отец, увидев его, пришел на минуту в недоумение, кому отдать преимущество. Сыну ли Своему по естеству, или сыну по благодати – Франциску». Что может быть страшнее, уродливее этой хулы, печальнее этой прелести!

В настоящее время в нашем отечестве отшельничество в безлюдной пустыне можно признать решительно невозможным, а затвор очень затруднительным, как более опасный и более несовместный, чем когда-либо. В этом надо видеть волю Божию, и покоряться ей. Если хочешь быть приятным Богу безмолвником, возлюби молчание, и со всевозможным усилием приучись к нему. Не позволяй себе празднословия ни в церкви, ни в трапезе, ни в келлии; не позволяй себе выходов из монастыря иначе, как по самой крайней нужде и на самое краткое время; не позволяй себе знакомства, особливо близкого, ни вне, ни внутри монастыря; не позволяй себе свободного обращения и пагубного развлечения; веди себя как странник и пришлец и в монастыре и в самой земной жизни – и соделаешься Боголюбезным безмолвником, пустынником, отшельником. Если же Бог узрит тебя способным к пустыне или затвору, то Сам, неизреченными судьбами Своими доставит тебе пустынную и безмолвную жизнь, как доставил её блаженному *Серафиму Саровскому*, или доставит затвор, как доставил его блаженному *Георгию, затворнику Задонского* монастыря.

II ЧАСТЬ

Ученик. Исчисли виды бесовской прелести, происходящей от неправильного упражнения молитвою.

Старец. Прелесть есть повреждение естества человеческого ложью. Прелесть есть состояние всех человеков, без исключения, произведенное падением праотцев наших. Все мы – в прелести[48]. Знание этого есть величайшее предохранение от прелести. Величайшая прелесть – признавать себя свободным от прелести. Все мы обмануты, все обольщены, все находимся в ложном состоянии, нуждаемся в освобождении истиною. Истина есть Господь наш Иисус Христос (*Ин.8:32, 14:6*). Усвоимся этой Истине верою в Нее, возопием молитвою к этой Истине – и Она извлечет нас из пропасти самообольщения и обольщения демонами. Горестно – состояние наше! Оно – темница, из которой мы молим известь нашу душу, «исповедатися имени» Господню (*Пс.144:10*). Оно – та мрачная земля, в которую низвергнута жизнь наша позавидовавшим нам и погнавшим нас врагом (*Пс.142:3*). Оно – плотское мудрование (*Рим.8:6*) и лжеименный разум (*1Тим.6:20*), которыми заражен весь мир, не признающий своей болезни, провозглашающий ее цветущим здравием. Оно – «плоть и кровь, которые царствия Божия наследити не могут» (*1Кор.15:50*). Оно – вечная смерть, врачуемая и уничтожаемая Господом Иисусом, Который есть «воскрешение и живот» (*Ин.11:25*). Таково наше состояние. Зрение его – новый повод к плачу. С плачем возопием ко Господу Иисусу, чтоб Он вывел нас из темницы, извлек из пропастей земных, исторг из челюстей смерти. Господь наш

Иисус Христос, – говорит преподобный Симеон, Новый Богослов, – потому и сошел к нам, что восхотел изъять нас из плена и из «злейшей прелести»[49].

Ученик. Это объяснение недовольно доступно для моих понятий: нуждаюсь в объяснении более простом, более близком к моему уразумению.

Старец. В средство погубления человеческого рода употреблена была падшим ангелом «ложь» (*Быт.3:13*). По этой причине Господь назвал диавола «ложью, отцом лжи и человекоубийцею искони» (*Ин.8:44*). Понятие о лжи Господь тесно соединил с понятием о человекоубийстве, потому что последнее есть непременное последствие первой. Словом «искони» указывается на то, что ложь с самого начала послужила для диавола орудием к человекоубийству, и постоянно служит ему орудием к человекоубийству, к погублению человеков. Начало зол – ложная мысль! Источник самообольщения и бесовской прелести – ложная мысль! Причина разнообразного вреда и погибели – ложная мысль! При посредстве лжи диавол поразил вечною смертью человечество в самом корне его, в праотцах. Наши праотцы прельстились, то есть, признали истиною ложь, и, приняв ложь под личиною истины, повредили себя неисцельно смертоносным грехом, что засвидетельствовала и праматерь наша. «Змий прельсти мя, – сказала она, – и ядох» (*Быт.3:13*). С того времени естество наше, зараженное ядом зла, стремится «произвольно» и «невольно» ко злу, представляющемуся добром и наслаждением искаженной воле, извращенному разуму, извращенному сердечному чувству. Произвольно, потому что в нас еще есть остаток свободы в избрании добра и зла. Невольно, потому что этот остаток свободы не действует как полная свобода; он действует под неотъемлемым влиянием повреждения грехом. Мы родимся такими; мы не можем не быть такими, и потому все мы, без всякого исключения, находимся в состоянии самообольщения и бесовской прелести. Из этого воззрения на состояние человеков в отношении к добру и злу, на состояние, которое по необходимости принадлежит каждому человеку, вытекает следующее определение прелести, объясняющее ее со всею удовлетворительностью: «прелесть есть усвоение человеком лжи, принятой им за истину». Прелесть действует первоначально на образ мыслей; будучи принята и, извратив образ мыслей, она немедленно сообщается сердцу, извращает сердечные ощущения; овладев сущностью человека, она разливается на всю деятельность его, отравляет самое тело, как неразрывно связанное Творцом с душею. Состояние прелести есть состояние погибели или вечной смерти.

Со времени падения человека диавол получил к нему постоянно свободный доступ[50]. Диавол имеет право на этот доступ: его власти, повиновением ему человек подчинил себя произвольно, отвергнув повиновение Богу. Бог искупил человека. Искупленному человеку предоставлена свобода повиноваться или Богу, или диаволу, а чтоб свобода эта вынаружилась непринужденно, оставлен диаволу доступ к человеку. Очень естественно, что диавол употребляет все усилия удержать человека в прежнем отношении к себе, или даже привести в большее порабощение. Для этого он употребляет прежнее и всегдашнее свое оружие – ложь. Он старается обольстить и обмануть нас, опираясь на наше состояние самообольщения; наши страсти – эти болезненные влечения – он приводит в движение; пагубные требования их облачает в благовидность, усиливается склонить нас к удовлетворению страстей. Верный Слову Божию не дозволяет себе этого удовлетворения, обуздывает страсти, отражает нападения врага (*Иак. 4:7*); действуя под руководством Евангелия против собственного самообольщения, укрощая страсти, этим уничтожая мало-помалу влияние на себя падших духов, он мало-помалу выходит из состояния прелести в область истины и свободы (*Ин. 8:32*), полнота которых доставляется осенением Божественной благодати. Неверный учению Христову, последующий своей воле и разуму, подчиняется врагу и из состояния самообольщения переходит к состоянию бесовской прелести, теряет остаток своей свободы, вступает в полное подчинение диаволу. Состояние людей в бесовской прелести бывает очень разнообразно, соответствуя той страсти, которою человек обольщен и порабощен, соответствуя той степени, в которой человек порабощен страсти. Но все, впавшие в бесовскую прелесть, то есть, через развитие собственного самообольщения вступившие в общение с диаволом и в порабощение ему, – находятся в прелести, суть храмы и орудия бесов, жертвы вечной смерти, жизни в темницах ада.

Ученик. Исчисли виды бесовской прелести, происходящей от неправильного упражнения молитвою.

Старец. Все виды бесовской прелести, которым подвергается подвижник молитвы, возникают из того, что в основание молитвы не положено покаяние, что покаяние не сделалось источником, душою, целью молитвы. «Если кто, – говорит преподобный *Григорий Синаит* в вышеприведенной статье, – с самонадеянностью, основанною на самомнении[51], мечтает достигнуть в высокие молитвенные состояния, и стяжал ревность не истинную, а сатанинскую, того диавол удобно опутывает своими сетями, как своего служителя». Всякий, усиливающийся взойти на брак Сына Божия не в чистых и светлых одеждах, устраиваемых покаянием, а прямо в своем рубище, в состоянии ветхости, греховности и самообольщения, извергается вон, во тьму кромешную, в бесовскую прелесть. «Совещаю тебе, – говорит Спаситель призванному к таинственному жречеству, – купити от Мене злато разженно огнем, да обогатишися: и одеяние бело, да облечешися, да не явится срамота наготы твоея: и коллурием слез помажи чувственные очи твои и очи ума, да видиши. Аз, ихже люблю, обличаю и наказую: ревнуй убо, и покайся» (*Откр. 3:18–19*). Покаяние и все, из чего оно составляется, как то: сокрушение или болезнование духа, плач сердца, слезы, самоосуждение, памятование и предощущение смерти, суда Божия и вечных мук, ощущение присутствия Божия, страх Божий – суть дары Божии, дары великой цены, дары первоначальные и основные, залоги даров высших и вечных. Без предварительного получения их, подаяние последующих даров невозможно. «Как бы ни возвышенны были наши подвиги, – сказал святой Иоанн Лествичник, – но если мы не стяжали болезнующего сердца, то эти подвиги и ложны и тщетны»[52]. Покаяние, сокрушение духа, плач – суть признаки, суть свидетельство правильности молитвенного подвига; отсутствие их – признак уклонения в ложное направление, признак самообольщения, прелести или бесплодия. То или другое, то есть прелесть или бесплодие, составляют неизбежное последствие неправильного упражнения молитвою, а неправильное упражнение молитвою неразлучно с самообольщением.

Самый опасный неправильный образ молитвы заключается в том, когда молящийся сочиняет силою воображения своего мечты или картины, заимствуя их, по-видимому, из Священного Писания, в сущности же из своего собственного состояния, из своего падения, из своей греховности, из своего самообольщения, – этими картинами льстит своему самомнению, своему тщеславию, своему высокоумию, своей гордости, обманывает себя. Очевидно, что все, сочиняемое мечтательностью нашей падшей природы, извращенной падением природы, не существует на самом деле, – есть вымысел и ложь, столько свойственные, столько возлюбленные падшему ангелу. Мечтатель, с первого шага на пути молитвенном, исходит из области истины, вступает в область лжи, в область сатаны, подчиняется произвольно влиянию сатаны. Святой Симеон, Новый Богослов, описывает молитву мечтателя и плоды ее так: «Он возводит к небу руки, глаза и ум, воображает в уме своем – подобно Клопштоку и Мильтону – Божественные совещания, небесные блага, чины святых Ангелов, селения святых, короче – собирает в воображении своем все, что слышал в Божественном Писании, рассматривает это во время молитвы, взирает на небо, всем этим возбуждает душу свою к Божественному желанию и любви, иногда проливает слезы и плачет. Таким образом мало-помалу кичится сердце его, не понимая того умом; он мнит, что совершаемое им есть плод Божественной благодати к его утешению, и молит Бога, чтоб сподобил его всегда пребывать в этом делании. Это признак прелести. Такой человек, если и будет безмолвствовать совершенным безмолвием, не может не подвергнуться умоисступлению и сумасшествию. Если же не случится с ним этого – однако ему невозможно никогда достигнуть духовного разума и добродетели или бесстрастия. Таким образом прельстились видевшие свет и сияние этими телесными очами, обонявшие благовония обонянием своим, слышавшие гласы ушами своими. Одни из них возбесновались, и переходили умоповрежденными с места на место; другие приняли беса, преобразившегося в Ангела светлого, прельстились и пребыли неисправленными, даже до конца, не принимая совета ни от кого из братий; иные из них, подучаемые диаволом, убили сами себя: иные низверглись в пропасти, иные удавились. И кто может исчислить различные прельщения диавола, которыми он прельщает, и которые неисповедимы? Впрочем, из сказанного нами всякий разумный человек может научиться, какой вред происходит от этого образа молитвы. Если же кто из употребляющих его и не подвергнется ни одному из вышесказанных бедствий по причине сожительства с братией, потому что таким бедствиям подвергаются наиболее отшельники, живущие наедине, но таковой проводит всю жизнь свою безуспешно»[53].

Все святые Отцы, описавшие подвиг умной молитвы, воспрещают не только составлять произвольные мечты, но и преклоняться произволением и сочувствием к мечтам и привидениям, которые могут представиться нам неожиданно, независимо от нашего произволения. И это случается при молитвенном подвиге, особливо в безмолвии. «Никак не прими, – говорит преподобный Григорий Синаит, – если увидишь что-либо, чувственными очами или умом, вне или внутри тебя, будет ли то образ Христа, или Ангела, или какого Святого, или если представится тебе свет... Будь внимателен и осторожен! не позволь себе доверить чему-либо, не вырази сочувствия и согласия, не вверься поспешно явлению, хотя бы оно было истинное и благое; пребывай хладным к нему и чуждым, постоянно сохраняя ум твой безвидным, не составляющим из себя никакого изображения и не запечатленным никаким изображением. Увидевший что-либо в мысли или чувственно, хотя бы то было и от Бога, и принимающий поспешно, удобно впадает в прелесть, по крайней мере обнаруживает свою наклонность и способность к прелести, как принимающий явления скоро и легкомысленно. Новоначальный должен обращать все внимание на одно сердечное действие, одно это действие признавать непрелестным, – прочего же не принимать до времени вступления в бесстрастие. Бог не прогневляется на того, кто опасаясь прелести, с крайней осмотрительностью наблюдает за собою, если он и не примет чего посланного от Бога, не рассмотрев посланное со всею тщательностью; напротив того, Бог похваляет такого за его благоразумие»[54]. Святой Амфилохий, с юности вступивший в монашество, удостоился в зрелых летах и в старости проводить жизнь отшельническую в пустыне. Заключась в пещеру, он упражнялся в безмолвии, и достиг великого преуспеяния. Когда совершилось «сорок» лет его отшельнической жизни, – явился ему ночью Ангел, и сказал: Амфилохий! иди в город и паси духовных овец. Амфилохий пребыл во внимании себе, и не обратил внимания на повеление Ангела. На другую ночь снова явился Ангел и повторил повеление, присовокупив, что оно от Бога. И опять Амфилохий не оказал повиновения Ангелу, опасаясь быть обольщенным и вспоминая слова Апостола, что и сатана преобразуется в Ангела светлого (*2Кор.11:14*). На третью ночь снова явился Ангел и, удостоверив о себе Амфилохия славословием Бога, нетерпимым духами отверженными, взял старца за руку, вывел из келии, привел к церкви, находившейся вблизи. Двери церковные отворились сами собою. Церковь освещалась небесным светом; в ней присутствовало множество святых мужей в белых ризах с солнцеобразными лицами. Они рукоположили Амфилохия в епископа города Иконии[55]. При противоположном поведении, преподобные Исаакий и Никита Печерские, новые и неопытные в отшельнической жизни, подверглись ужаснейшему бедствию, опрометчиво уверившись представившемуся им привидению. Первому явилось множество демонов в сиянии; один из демонов принял вид Христа, прочие – вид святых Ангелов. Второго обольстил демон сперва благоуханием и гласом, как бы Божиим, потом представ ему очевидно в виде Ангела[56]. Опытные в монашеской жизни иноки, истинно святые иноки гораздо более опасаются прелести, гораздо более не доверяют себе, нежели новоначальные, особливо те из новоначальных, которые объяты разгорячением к подвигу. С сердечною любовью предостерегает от прелести преподобный Григорий Синаит безмолвника, для которого написана его книга: «Хочу, чтоб ты имел определенное понятие о прелести; хочу этого с тою целью, чтоб ты мог предохранить себя от прелести, чтоб при стремлении, не озаренном должным ведением, ты не причинил себе великого вреда, не погубил души твоей. Свободное произволение человека удобно преклоняется к общению с противниками нашими, в особенности произволение неопытных, новых в подвиге, как еще обладаемых демонами»[57]. Как это верно! Склоняется, влечется наше свободное произволение к прелести потому, что всякая прелесть льстит нашему самомнению, нашему тщеславию, нашей гордости. «Бесы находятся вблизи и окружают новоначальных и самочинных, распростирая сети помыслов и пагубных мечтаний, устраивая пропасти падений. Город новоначальных – все существо каждого из них – находится еще в обладании варваров... По легкомыслию не вдавайся скоро тому, что представляется тебе, но пребывай «тяжким», удерживая благое со многим рассмотрением, и отвергая лукавое... Знай, что действия благодати – ясны; демон преподать их не может; он не может преподать ни кротости, ни тихости, ни смирения, ни ненависти к миру; он не укрощает страстей и сластолюбия, как это делает благодать». Действия его: «дмение» – надменность, напыщенность – «высокоумие, страхование, словом, все виды злобы. По действию возможешь познать свет, воссиявший в душе твоей, Божий ли он, или от сатаны»[58]. Надо знать, что такое рассмотрение – принадлежность преуспевших иноков, никак не новоначальных. Преподобный Синаит беседует, хотя с новоначальным, но с новоначальным по безмолвной жизни, который и по пребыванию в монашестве и по телесному возрасту был старец, как видно из книги.

Ученик. Не случилось ли тебе видеть кого-либо пришедшего в бесовскую прелесть от развития мечтательности при упражнении молитвою?

Старец. Случалось. Некоторый чиновник, живший в Петербурге, занимался усиленным молитвенным подвигом, и пришел от него в необычайное состояние. О подвиге своем и о последствиях его он открывал тогдашнему протоиерею церкви Покрова Божией Матери, что в Коломне. Протоиерей, посетив некоторый монастырь Санкт-Петербургской епархии, просил одного из монашествующих того монастыря побеседовать с чиновником. «Странное положение, в которое чиновник пришел от подвига, – говорил справедливо протоиерей, – удобнее может быть объяснено жителями монастыря, как более знакомыми с подробностями и случайностями аскетического подвига». Монах согласился. Через несколько времени чиновник прибыл в монастырь. При беседе его с монахом присутствовал и я. Чиновник начал тотчас рассказывать о своих видениях, – что он постоянно видит при молитве свет от икон, слышит благоухание, чувствует во рту необыкновенную сладость, и так далее. Монах, выслушав этот рассказ, спросил чиновника: «Не приходила ли вам мысль убить себя?» – «Как же! – отвечал чиновник, – я уже был кинувшись[59] в Фонтанку, да меня вытащили». Оказалось, что чиновник употреблял образ молитвы, описанный святым Симеоном, разгорячил воображение и кровь, при чем человек делается очень способным к усиленному посту и бдению. К состоянию самообольщения, избранному произвольно, диавол присоединил свое, сродное этому состоянию действие, – и человеческое самообольщение перешло в явную бесовскую прелесть. Чиновник видел свет телесными очами; благоухание и сладость, которые он ощущал, были так же чувственные. В противоположность этому, видения Святых и их сверхъестественные состояния вполне духовны[60]: подвижник соделывается способным к ним не прежде, как по отверзении очей души Божественною благодатию, причем оживают и прочие чувства души, дотоле пребывающие в бездействии[61]; принимают участие в благодатном видении и телесные чувства Святых, но тогда, когда тело перейдет из состояния страстного в состояние бесстрастное. Монах начал уговаривать чиновника, чтоб он оставил употребляемый им способ молитвы, объясняя и неправильность способа и неправильность состояния, доставляемого способом. С ожесточением воспротивился чиновник совету. «Как отказаться мне от явной благодати!» – возражал он.

Вслушиваясь в поведания чиновника о себе, я почувствовал к нему неизъяснимую жалость, и вместе представлялся он мне каким-то смешным. Например, он сделал монаху следующий вопрос: «Когда от обильной сладости умножится у меня во рту слюна, то она начинает капать на пол: не грешно ли это?» Точно: находящиеся в бесовской прелести возбуждают к себе сожаление, как не принадлежащие себе и находящиеся, по уму и сердцу, в плену у лукавого, отверженного духа. Представляют они собой и смешное зрелище: посмеянию предаются они овладевшим ими лукавым духом, который привел их в состояние уничижения, обольстив тщеславием и высокоумием. Ни плена своего, ни странности поведения прельщенные не понимают, сколько бы ни были очевидными этот плен, эта странность поведения.

Зиму 1828 – 1829 годов проводил я в Площанской Пустыни[62]. В то время жил там старец, находившийся в прелести. Он отсек себе кисть руки, полагая исполнить этим евангельскую заповедь, и рассказывал всякому, кому угодно было выслушать его, что отсеченная кисть руки соделалась святыми мощами, что она хранится и чествуется благолепно в Московском Симонове монастыре, что он, старец, находясь в Площанской Пустыни в пятистах верстах от Симонова, чувствует, когда Симоновский архимандрит с братиею прикладываются к руке. С старцем делалось содрогание, причем он начинал шипеть очень громко; он признавал это явление плодом молитвы, но зрителям оно представлялось извращением себя, достойным лишь сожаления и смеха. Дети, жившие в монастыре по сиротству, забавлялись этим явлением и копировали его перед глазами старца. Старец приходил в гнев, кидался то на одного, то на другого мальчика, трепал их за волосы. Никто из почтенных иноков обители не мог уверить прельщенного, что он находится в ложном состоянии, в душевном расстройстве.

Когда чиновник ушел, я спросил монаха: «С чего пришло ему на мысль спросить чиновника о покушении на самоубийство?» Монах отвечал: «Как среди плача по Богу приходят минуты необыкновенного успокоения совести, в чем заключается утешение плачущих, так и среди ложного наслаждения, доставляемого бесовской прелестью, приходят минуты, в которые прелесть как бы разоблачается, и дает вкусить себя так, как она есть. Эти минуты – ужасны! горечь их и производимое этою горечью отчаяние – невыносимы. По этому состоянию, в которое приводит прелесть, всего бы легче узнать ее прельщенному, и принять меры к исцелению себя. Увы! начало прелести – гордость, и плод ее – преизобильная гордость. Прельщенный, признающий себя сосудом Божественной благодати, презирает спасительные предостережения ближних, как это заметил святой Симеон. Между тем припадки отчаяния становятся сильнее и сильнее; наконец отчаяние обращается в умоисступление, и увенчавается самоубийством.

В начале нынешнего столетия подвизался в Софрониевой Пустыни[63] схимонах Феодосий, привлекший к себе уважение и братства и мирян строгим, возвышенным жительством. Однажды представилось ему, что он был восхищен в рай. По окончании видения, он пошел к настоятелю, поведал подробно о чуде, и присовокупил выражение сожаления, что он видел в раю только себя, не видел никого из братий. Эта черта ускользнула из внимания у настоятеля; он созвал братию, в сокрушении духа пересказал им о видении схимонаха, и увещевал к жизни, более усердной и богоугодной. По прошествии некоторого времени начали обнаруживаться в действиях схимонаха странности. Дело кончилось тем, что он найден удавившимся в своей келии.

Со мною был следующий, достойный замечания случай. Посетил меня однажды Афонский иеросхимонах, бывший в России за сбором. Мы сели в моей приемной келии, и он стал говорить мне: «Помолись о мне, отец: я много сплю, много ем». Когда он говорил мне это, я ощутил жар, из него исходивший, почему и отвечал ему: «Ты не много ешь, и не много спишь; но нет ли в тебе чего особенного?» и просил его войти во внутреннюю мою келию. Идя пред ним, и отворяя дверь во внутреннюю келию, я молил мысленно Бога, чтоб Он даровал гладной душе моей попользоваться от Афонского иеросхимонаха, если он – истинный раб Божий. Точно: я заметил в нем что-то особенное. Во внутренней келии мы опять уселись для беседы, – и я начал просить его: «Сделай милость, научи меня молитве. Ты живешь в первом монашеском месте на земле, среди тысяч монахов: в таком месте и в таком многочисленном собрании монахов непременно должны находиться великие молитвенники, знающие молитвенное тайнодействие и преподающие его ближним, по примеру Григориев Синаита и Паламы, по примеру многих других Афонских светильников». Иеросхимонах немедленно согласился быть моим наставником, – и, о ужас! с величайшим разгорячением начал передавать мне вышеприведенный способ восторженной, мечтательной молитвы. Вижу: он – в страшном разгорячении! у него разгорячены и кровь и воображение! он – в самодовольстве, в восторге от себя, в самообольщении, в прелести! Дав ему высказаться, я начал понемногу, в чине наставляемого, предлагать ему учение святых Отцов о молитве, указывая его в Добротолюбии, и прося объяснить мне это учение. Афонец пришел в совершенное недоумение. Вижу: он вполне незнаком с учением Отцов о молитве! При продолжении беседы говорю ему: «Смотри, старец! будешь жить в Петербурге, – никак не квартируй в верхнем этаже, квартируй непременно в нижнем». «Отчего так?» – возразил Афонец. «Оттого, – отвечал я, – что если вздумается ангелам, внезапно восхитив тебя, перенести из Петербурга в Афон, и они понесут из верхнего этажа, да уронят, то убьешься до смерти: если же понесут из нижнего, и уронят, то только ушибешься». «Представь себе, – отвечал Афонец, – сколько уже раз, когда я стоял на молитве, приходила мне живая мысль, что ангелы восхитят меня, и поставят на Афоне!» Оказалось, что иеросхимонах носит вериги, почти не спит, мало вкушает пищи, чувствует в теле такой жар, что зимою не нуждается в теплой одежде. К концу беседы пришло мне на мысль поступить следующим образом: я стал просить Афонца, чтоб он, как постник и подвижник, испытал над собою способ, преподанный святыми Отцами, состоящий в том, чтоб ум во время молитвы был совершенно чужд всякого мечтания, погружался весь во внимание словам молитвы, заключался и вмещался, по выражению святого Иоанна Лествичника, в словах молитвы[64]. При этом сердце обыкновенно содействует уму душеспасительным чувством печали о грехах, как сказал преподобный Марк Подвижник: «Ум не развлеченно молящийся, утесняет сердце: «сердце же сокрушенно и смиренно Бог не уничижит» (*Пс.50:19*)»[65]. «Когда ты испытаешь над собою, – сказал я Афонцу, – то сообщи и мне о плоде опыта; для меня самого такой опыт неудобен по развлеченной жизни, проводимой мною». Афонец охотно согласился на мое предложение. Через несколько дней приходит он ко мне, и говорит: «Что сделал ты со мною?» – «А что?» – «Да как я попробовал помолиться со вниманием, заключая ум в слова молитвы, то все мои видения пропали, и уже не могу возвратиться к ним». Далее в беседе с Афонцем я не видел той самонадеянности и той дерзости, которые были очень заметны в нем при первом свидании и которые обыкновенно замечаются в людях, находящихся в самообольщении, мнящих о себе, что они святы, или находятся в духовном преуспеянии. Афонец изъявил даже желание услышать для себя мой убогий совет. Когда я посоветовал ему не отличаться по наружному образу жизни от прочих иноков, потому что такое отличие себя ведет к высокоумию[66], то он снял с себя вериги, и отдал их мне. Через месяц он опять был у меня, и сказывал, что жар в теле его прекратился, что он нуждается в теплой одежде, и спит гораздо более. При этом он говорил, что на Афонской горе многие, и из пользующихся славою святости, употребляют тот способ молитвы, который был употребляем им, – научают ему и других. Не мудрено! Святой Симеон, Новый Богослов, живший за восемь столетий до нашего времени, говорит, что внимательною молитвою занимаются очень немногие[67]. Преподобный Григорий Синаит, живший в четырнадцатом столетии по Рождестве Христовом, когда прибыл на Афонскую гору, то нашел, что многочисленное монашество ее не имеет никакого понятия о умной молитве, а занимается лишь телесными подвигами, совершая молитвы лишь устно и гласно[68]. Преподобный Нил Сорский, живший в конце 15-го и начале 16-го века, посетивши также Афонскую гору, говорит, что в его время число внимательных молитвенников оскудело до крайности[69]. Старец, архимандрит *Паисий Величковский* переместился на Афонскую гору из Молдавии в 1747 г. Он ознакомился коротко со всеми монастырями и скитами, беседовал со многими старцами, которых признавало общее мнение Святой Горы опытнейшими и святыми иноками. Когда же он начал вопрошать этих иноков о книгах святых Отцов, написавших о умной молитве, – оказалось, что они не только не знали о существовании таких Писаний, но даже не знали имен святых Писателей; тогда Добротолюбие еще не было напечатано на греческом языке[70]. Внимательная молитва требует самоотвержения, а на самоотвержение решаются редкие. Заключенный в себя вниманием, находящийся в состоянии недоумения от зрения своей греховности, неспособный к многословию и вообще к эффекту и актерству, представляется для незнающих таинственного подвига его каким-то странным, загадочным, недостаточным во всех отношениях. Легко ли расстаться с мнением мира! И миру — как познать подвижника истинной молитвы, когда самый подвиг вовсе неизвестен миру? То ли дело — находящийся в самообольщении! Не ест, не пьет, не спит, зимою ходит в одной рясе, носит вериги, видит видения, всех учит и обличает с дерзкою наглостью, без всякой правильности, без толку и смысла, с кровяным, вещественным, страстным разгорячением, и по причине этого горестного, гибельного разгорячения. Святой, да и только! Издавна замечены вкус и влечение к таким в обществе человеческом: «приемлете, — пишет Апостол Павел к Коринфянам, — аще кто вас порабощает, аще кто поядает, аще кто не в лепоту проторит, аще кто по лицу биет вы, аще кто величается» (*2Кор.11:20*). Далее святой Апостол говорит, что он, бывши в Коринфе, не мог вести себя дерзко и нагло: поведение его было запечатлено скромностью, «кротостию, и тихостию Христовою» (*2Кор.10:1*). Большая часть подвижников Западной Церкви, провозглашаемых ею за величайших святых — по отпадении ее от Восточной Церкви и по отступлении Святаго Духа от нее — молились и достигали видений, разумеется, ложных, упомянутым мною способом. Эти мнимые святые были в ужаснейшей бесовской прелести. Прелесть уже естественно воздвигается на основании богохульства, которым у еретиков извращена догматическая вера. Поведение подвижников латинства, объятых прелестью, было всегда исступленное, по причине необыкновенного вещественного, страстного разгорячения. В таком состоянии находился Игнатий Лойола, учредитель Иезуитского ордена. У него воображение было так разгорячено и изощрено, что, как сам он утверждал, ему стоило только захотеть и употребить некоторое напряжение, как являлись пред его взорами, по его желанию, ад или рай. Явление рая и ада совершалось не одним действием воображения человеческого; одно действие воображения человеческого недостаточно для этого: явление совершалось действием демонов, присоединявших свое обильное действие к недостаточному действию человеческому, совокуплявших действие с действием, пополнявших действие действием, на основании свободного произволения человеческого, избравшего и усвоившего себе ложное направление. Известно, что истинным святым Божиим видения даруются единственно по благоволению Божию и действием Божиим, а не по воле человека и не по его собственному усилию, – даруются неожиданно, весьма редко, при случаях особенной нужды, по дивному смотрению Божию, а не как бы случилось[71]. Усиленный подвиг находящихся в прелести обыкновенно стоит рядом с глубоким развратом. Разврат служит оценкою того пламени, которым разжжены прельщенные. Подтверждается это и сказаниями истории и свидетельством Отцов. «Видящий духа прелести в явлениях представляемых им, – сказал преподобный Максим Капсокаливит, – очень часто подвергается ярости и гневу; благовоние смирения или молитвы, или слезы истинной не имеет в нем места. Напротив того, он постоянно хвалится своими добродетелями, тщеславствует, и предается завсегда лукавым страстям бесстрашно»[72].

Ученик. Неправильность этого способа молитвы и связь его с самообольщением и прелестью – ясны; предостереги меня и от прочих видов неправильной молитвы и сопряженного с ними ложного состояния.

Старец. Как неправильное действие умом вводит в самообольщение и прелесть, так точно вводит в них неправильное действие сердцем. Исполнены безрассудной гордости желание и стремление видеть духовные видения умом, не очищенным от страстей, не обновленным и не воссозданным десницею Святого Духа; исполнены такой же гордости и безрассудства желание и стремление сердца насладиться ощущениями святыми, духовными, Божественными, когда оно еще вовсе неспособно для таких наслаждений. Как ум нечистый, желая видеть Божественные видения и не имея возможности видеть их, сочиняет для себя видения из себя, ими обманывает себя и обольщает, так и сердце, усиливаясь вкусить Божественную сладость и другие Божественные ощущения, и не находя их в себе, сочиняет их из себя, ими льстит себе, обольщает, обманывает, губит себя, входя в область лжи, в общение с бесами, подчиняясь их влиянию, порабощаясь их власти.

Одно ощущение из всех ощущений сердца, в его состоянии падения, может быть употреблено в невидимом Богослужении: печаль о грехах, о греховности, о падении, о погибели своей, называемая плачем, покаянием, сокрушением духа. Это засвидетельствовано Священным Писанием. «Аще бы восхотел еси жертвы, дал бых убо; всесожжения не благоволиши» (*Пс.50:18*): и каждое сердечное ощущение порознь, и все они вместе не благоугодны Тебе, как оскверненные грехом, как извращенные падением. «Жертва Богу дух сокрушен: сердце сокрушенно и смиренно Бог не уничижит» (*Пс.50:19*). Эта жертва – жертва отрицательная; с принесением этой жертвы естественно устраняется принесение прочих жертв, при ощущении покаяния умолкают все другие ощущения. Для того, чтобы жертвы прочих ощущений соделались благоугодными Богу, нужно предварительно излиться благоволению Божию на наш Сион, нужно предварительно восстановиться стенам нашего разрушенного Иерусалима. Господь – праведен, всесвят; только праведные, чистые жертвы, к которым способно естество человеческое по обновлении своем, благоприятны праведному, всесвятому Господу. К жертвам и всесожжениям оскверненным Он не благоволит. Позаботимся очиститься покаянием! «Тогда благоволиши жертву правды, возношение и всесожигаемая; тогда возложат на алтарь Твой тельцы» (*Пс.50:21*): новорожденные ощущения обновленного Святым Духом человека.

Первая заповедь, данная Спасителем мира всему без исключения человечеству, есть заповедь о покаянии: «начат Иисус проповедати и глаголати: покайтеся, приближися бо царствие небесное» (*Мф.4:17*). Эта заповедь объемлет, заключает, совмещает в себе все прочие заповеди. Тем человекам, которые не понимали значения и силы покаяния, Спаситель говорил не раз: «Шедше, научитеся, что есть, милости хощу, а не жертвы» (*Мф.9:13*). Это значит: Господь, умилосердившись над падшими и погибшими человеками, всем даровал покаяние в единственное средство к спасению, потому что все объяты падением и погибелью. Он не взыскивает, даже не желает от них жертв, к которым они не способны, а желает, чтобы они умилосердились над собою, сознали свое бедствие, освободились от него покаянием. К упомянутым словам Господь присовокупил страшные слова: «не приидох, – сказал Он, – призвати праведники, но грешники на покаяние». Кто названы праведниками? те несчастные, слепотствующие грешники, которые, будучи обмануты самомнением, не находят покаяние существенно нужным для себя, и потому, или отвергают его, или небрегут о нем. О несчастье! за это отрекается от них Спаситель, утрачивается ими сокровище спасения. «Горе душе, – говорит преподобный Макарий Великий, – не чувствующей язв своих и мнящей о себе, по причине великого, безмерного повреждения злобою, что она вполне чужда повреждения злобою. Такой души уже не посещает и не врачует благий Врач, как оставившей произвольно язвы свои без попечения о них, и мнящей о себе, что она здрава и непорочна. «Не требуют, – говорит Он – здравии врача, но болящии» (*Мф.9:12*)»[73]. Ужасная жестокость к себе – отвержение покаяния! Ужасная холодность, нелюбовь к себе – небрежение о покаянии. Жестокий к себе не может не быть жестоким и к ближним. Умилосердившийся к себе приятием покаяния, вместе делается милостивым и к ближним. Из этого видна вся важность ошибки: отнять у сердца заповеданное ему Самим Богом, существенно и логически необходимое для сердца чувство покаяния, и усиливаться раскрыть в сердце, в противность порядку, в противность установлению Божию, те чувствования, которые сами собою должны явиться в нем по очищении покаянием, но совершенно в ином характере[74]. Об этом характере духовном плотской человек не может составить себе никакого представления: потому что представление ощущения всегда основывается на известных уже сердцу ощущениях, а духовные ощущения вполне чужды сердцу, знакомому с одними плотскими и душевными ощущениями. Такое сердце не знает даже о существовании духовных ощущений.

Всем известно, какое душевное бедствие возникло для иудейских книжников и фарисеев из их неправильного душевного настроения: они сделались не только чуждыми Бога, но и исступленными врагами Его, богоубийцами. Подобному бедствию подвергаются подвижники молитвы, извергшие из своего подвига покаяние, усиливающиеся возбуждать в сердце любовь к Богу, усиливающиеся ощущать наслаждение, восторг; они развивают свое падение, соделывают себя чуждыми Бога, вступают в общение с сатаною, заражаются ненавистью к Святому Духу. Этот род прелести – ужасен; он одинаково душепагубен как и первый, но менее явен, он редко оканчивается сумасшествием и самоубийством, но растлевает решительно и ум и сердце. По производимому им состоянию ума Отцы назвали его «мнением»[75]. На этот род прелести указывает святой апостол Павел, когда говорит: «Никтоже вас да прельщает изволенным ему смиренномудрием и службою ангелов, яже не уведе уча, без ума дмяся от ума плоти своея» (*Кол. 2:18*). Одержимый этою прелестью мнит о себе, сочинил о себе «мнение», что он имеет многие добродетели и достоинства, – даже, что обилует дарами Святаго Духа. Мнение составляется из ложных понятий и ложных ощущений: по этому свойству своему, оно вполне принадлежит к области отца и представителя лжи – диавола. Молящийся, стремясь раскрыть в сердце ощущения нового человека, и не имея на это никакой возможности, заменяет их ощущениями своего сочинения, поддельными, к которым не замедлит присоединиться действие падших духов. Признав неправильные ощущения, свои и бесовские, истинными и благодатными, он получает соответствующие ощущениям понятия. Ощущения эти, постоянно усваиваясь сердцу и усиливаясь в нем, питают и умножают ложные понятия; естественно, что от такого неправильного подвига образуются самообольщение и бесовская прелесть – «мнение». «Мнение не допускает быть мнимому[76]», – сказал святой Симеон, Новый Богослов. Мнящий о себе, что он бесстрастен, никогда не очистится от страстей; мнящий о себе, что он исполнен благодати, никогда не получит благодати; мнящий о себе, что он свят, никогда не достигнет святости. Просто сказать: приписывающий себе духовные делания, добродетели, достоинства, благодатные дары, льстящий себе и потешающий себя «мнением», заграждает этим «мнением» вход в себя и духовным деланиям, и христианским добродетелям и Божественной благодати, – открывает широко вход греховной заразе и демонам. Уже нет никакой способности к духовному преуспеянию в зараженных «мнением»: они уничтожили эту способность, принесши на алтарь лжи самые начала деятельности человека и его спасения – понятия о истине. Необыкновенная напыщенность является в недугующих этой прелестью: они как бы упоены собою, своим состоянием самообольщения, видя в нем состояние благодатное. Они пропитаны, преисполнены высокоумием и гордостью, представляясь, впрочем, смиренными для многих, судящих по лицу, не могущих оценивать по плодам, как заповедал Спаситель (*Мф.7:16, 12:33*), тем менее по духовному чувству, о котором упоминает Апостол (*Евр.5:14*). Живописно изобразил Пророк Исаия действие прелести «мнения» в падшем архангеле, действие, обольстившее и погубившее этого архангела. «Ты, – говорит пророк сатане, – рекл еси во уме твоем: на небо взыду, выше звезд небесных поставлю престол мой, сяду на горе высоце, на горах высоких, яже к северу, взыду выше облак, буду, подобен Вышнему. Ныне же во ад снидеши, и во основание земли» (*Ис.14:13–15*). Зараженного «мнением» обличает Господь так: «Глаголеши, яко богат есмь, и обогатихся, и ничтоже требую, и не веси, яко ты еси окаянен, и беден, и нищ, и слеп, и наг» (*Откр.3:17*). Господь увещевает прельщенного к покаянию, предлагает купить не у кого иного, у Самого Господа, необходимые потребности, из которых составляется покаяние (*Откр.3:18*). Купля настоятельно нужна: без нее нет спасения. Нет спасения без покаяния, а покаяние принимается от Бога только теми, которые, для принятия его, продадут все имущество свое, то есть, отрекутся от всего, что им ложно усвоивалось «мнением».

Ученик. Не случалось ли тебе встречаться с зараженными этого вида прелестью?

Старец. Зараженные прелестью «мнения» встречаются очень часто. Всякий, не имеющий сокрушенного духа, признающий за собою какие бы то ни было достоинства и заслуги, всякий, не держащийся неуклонно учения Православной Церкви, но рассуждающий о каком-либо догмате или предании произвольно, по своему усмотрению, или по учению инославному, находится в этой прелести. Степенью уклонения и упорства в уклонении определяется степень прелести.

Немощен человек! непременно вкрадывается в нас «мнение» в каком-либо виде своем, и, осуществляя наше «я», удаляет от нас благодать Божию. Как нет, по замечанию святого Макария Великого, ни одного человека, совершенно свободного от гордости, так нет ни одного человека, который бы был совершенно свободен от действия на него утонченной прелести, называемой «мнением». Наветовало оно апостола Павла, и врачевалось тяжкими попущениями Божьими. «Не бо хощем вас, братие, – пишет Апостол к Коринфянам, – не ведети о скорби нашей, бывшей нам во Асии, яко по премногу и паче силы отяготихомся, яко не надеятися нам и жити. Но сами в себе осуждение смерти имехом, да не надеющеся будем на ся, но на Бога, возставляющаго мертвыя» (*2Кор.1:8–9*). По этой причине должно бдительно наблюдать за собою, чтоб не приписать собственно себе какого-либо доброго дела, какого-либо похвального качества или особенной природной способности, даже благодатного состояния, если человек возведен в него, короче, чтоб не признать собственно за собою какого-либо достоинства. «Что ты имеешь, – говорит Апостол, – чего бы ты не приял» от Бога? (*1Кор.4:7*) От Бога имеем и бытие, и пакибытие, и все естественные свойства, все способности, и духовные, и телесные. Мы – должники Богу! Долг наш неоплатим! Из такого воззрения на себя образуется само собою для нашего духа состояние, противоположное «мнению», состояние, которое Господь назвал нищетою духа, которое заповедал нам иметь, которое ублажил (*Мф.5:3*). Великое бедствие – уклониться от догматического и нравственного учения Церкви, от учения Святаго Духа каким-либо умствованием! это – «возношение, взимающееся на разум Божий». Должно низлагать и пленять такой разум «в послушание Христово» (*2Кор.10:5*).

Ученик. Имеется ли какая-либо связь между прелестью первого рода и прелестью второго рода?

Старец. Связь между этими двумя видами прелести непременно существует. Первого рода прелесть всегда соединена с прелестью второго рода, с «мнением». Сочиняющий обольстительные образы при посредстве естественной способности воображения, сочетавающий при посредстве мечтательности[77] эти образы в очаровательную картину, подчиняющий все существо свое обольстительному, могущественному влиянию этой живописи, непременно, по несчастной необходимости, «мнит», что живопись эта производится действием Божественной благодати, что сердечные ощущения, возбуждаемые живописью, суть ощущения благодатные.

Второго рода прелесть – собственно «мнение» – действует без сочинения обольстительных картин; она довольствуется сочинением поддельных благодатных ощущений и состояний, из которых рождается ложное, превратное понятие о всем вообще духовном подвиге.

Находящийся в прелести «мнения» стяжавает ложное воззрение на все, окружающее его. Он обманут и внутри себя и извне. Мечтательность сильно действует в обольщенных «мнением», но действует исключительно в области отвлеченного. Она или вовсе не занимается, или занимается редко живописью в воображении рая, горних обителей и чертогов, небесного света и благоухания, Христа, Ангелов и Святых; она постоянно сочиняет мнимодуховные состояния, тесное дружество со Иисусом[78], внутреннюю беседу с Ним[79], таинственные откровения[80], гласы, наслаждения, зиждет на них ложное понятие о себе и о христианском подвиге, зиждет вообще ложный образ мыслей и ложное настроение сердца, приводит то в упоение собою, то в разгорячение и восторженность. Эти разнообразные ощущения являются от действия утонченных тщеславия и сладострастия: от этого действия кровь получает греховное, обольстительное движение, представляющееся благодатным наслаждением. Тщеславие же и сладострастие возбуждаются высокоумием, этим неразлучным спутником «мнения». Ужасная гордость, подобная гордости демонов, составляет господствующее качество усвоивших себе ту и другую прелесть. Обольщенных первым видом прелести гордость приводит в состояние явного умоисступления; в обольщенных вторым видом она, производя также умоповреждение, названное в Писании растлением ума (*2Тим.3:8*), менее приметна, облекается в личину смирения, набожности, мудрости, – познается по горьким плодам своим. Зараженные «мнением» о достоинствах своих, особенно о святости своей, способны и готовы на все козни, на всякое лицемерство, лукавство и обман, на все злодеяния. Непримиримою враждою дышат они против служителей истины, с неистовою ненавистью устремляются на них, когда они не признают в прельщенных состояния, приписываемого им и выставляемого на позор слепотствующему миру «мнением».

Ученик. Существуют же и состояния духовные, производимые Божественной благодатью, как то состояние, в котором вкушается духовная сладость и радость, состояние, в котором открываются тайны христианства, состояние, в котором ощущается в сердце присутствие Святого Духа, состояние, в котором подвижник Христов сподобляется духовных видений?

Старец. Несомненно существуют, но существуют только в христианах, достигших христианского совершенства, предварительно очищенных и приуготовленных покаянием. Постепенное действие покаяния вообще, выражаемого всеми видами смирения, в особенности молитвою, приносимою из нищеты духа, из плача, постепенно ослабляет в человеке действие греха. Для этого нужно значительное время. И дается оно истинным, благонамеренным подвижникам промыслом Божиим, неусыпно бдящим над нами. Борьба со страстями – необыкновенно полезна: она более всего приводит к нищете духа. С целью существенной пользы нашей, Судия и Бог наш «долготерпит» о нас, и не скоро «отмщевает» (*Лк.18:7*) сопернику нашему – греху. Когда очень ослабеют страсти, – это совершается наиболее к концу жизни[81] – тогда мало-помалу начнут появляться состояния духовные, различающиеся бесконечным различием от состояний, сочиняемых «мнением». Во-первых, вступает в душевную храмину благодатный плач, омывает ее и убеляет для принятия даров, последующих за плачем по установлению духовного закона. Плотский человек никак, никаким способом, не может даже представить себе состояний духовных, не может иметь никакого понятия ниже о благодатном плаче: познание этих состояний приобретается не иначе, как опытом[82]. Духовные дарования раздаются с Божественною премудростью, которая наблюдает, чтоб словесный сосуд, долженствующий принять в себя дар, мог вынести без вреда для себя силу дара. Вино новое разрывает мехи ветхие! (*Мф.9:17*). Замечается, что, в настоящее время, духовные дарования раздаются с величайшей умеренностью, сообразно тому расслаблению, которым объято вообще христианство. Дары эти удовлетворяют почти единственно потребности спасения. Напротив того, «мнение» расточает свои дары в безмерном обилии и с величайшей поспешностью.

Общий признак состояний духовных – глубокое смирение и смиренномудрие, соединенное с предпочтением себе всех ближних, с расположением, евангельскою любовью ко всем ближним, с стремлением к неизвестности, к удалению от мира. «Мнению» тут мало места, потому что смирение состоит в отречении от всех собственных достоинств, в существенном исповедании Искупителя, в совокуплении в Нем всей надежды и опоры, а «мнение» состоит в присвоении себе достоинств, данных Богом, и в сочинении для себя достоинств несуществующих. Оно соединено с надеждою на себя, с холодным, поверхностным исповеданием Искупителя. Бог прославляется для прославления себя, как был прославлен фарисеем (*Лк.18:11*). Одержимые «мнением» по большей части преданы сладострастию, несмотря на то, что приписывают себе возвышеннейшие духовные состояния, беспримерные в правильном православном подвижничестве; немногие из них воздерживаются от грубого порабощения сладострастию – воздерживаются единственно по преобладанию в них греха из грехов – гордости.

Ученик. Могут ли от прелести, именуемой «мнением», порождаться какие-либо осязательные, видимые несчастные последствия?

Старец. Из этого рода прелести возникли пагубные ереси, расколы, безбожие, богохульство. Несчастнейшее видимое последствие его есть неправильная, зловредная для себя и для ближних деятельность, – зло, несмотря на ясность его и обширность, мало примечаемое и мало понимаемое. Случаются с зараженными «мнением» делателями молитвы и несчастия, очевидные для всех, но редко: потому что «мнение», приводя ум в ужаснейшее заблуждение, не приводит его к исступлению, как приводит расстроенное воображение. – На Валаамском острове, в отдаленной пустынной хижине, жил схимонах Порфирий, которого и я видел. Он занимался подвигом молитвы. Какого рода был этот подвиг, – положительно не знаю. Можно догадываться о неправильности его по любимому чтению схимонаха: он высоко ценил книгу западного писателя Фомы Кемпийского, о подражании Иисусу Христу, и руководствовался ею. Книга эта написана из «мнения». Порфирий однажды вечером, в осеннее время, посетил старцев скита, от которого невдалеке была его пустыня. Когда он прощался со старцами, они предостерегали его, говоря: «Не вздумай пройти по льду: лед только что встал, и очень тонок». Пустыня Порфирия отделялась от скита глубоким заливом Ладожского озера, который надо было обходить. Схимонах отвечал тихим голосом, с наружною скромностью: «Я уже легок стал». Он ушел. Через короткое время услышался отчаянный крик. Скитские старцы встревожились, выбежали. Было темно; не скоро нашли место, на котором совершилось несчастье, не скоро нашли средства достать утопшего; вытащили тело, уже оставленное душою.

Ученик. Ты говоришь о книге «Подражание», что она написана из состояния самообольщения, но она имеет множество чтителей даже между чадами православной Церкви!

Старец. Эти-то чтители, в восторге от ее достоинства, и высказываются об этом достоинстве, не понимая того. В предисловии русского переводчика к книге «Подражание» – издание 1834 года, напечатанное в Москве – сказано: «Один высокопросвещенный муж – русский, православный – говаривал: ежели б нужно было мое мнение, то я бы смело после Священного Писания поставил Кемписа о подражании Иисусу Христу»[83]. В этом, столько решительном приговоре дается инославному писателю полное предпочтение перед всеми святыми Отцами Православной Церкви, а своему взгляду дается предпочтение перед определением всей Церкви, которая на святых Соборах признала писания святых Отцов Богодухновенными, и завещала чтение их не только в душеназидание всем чадам своим, но и в руководство при решении Церковных вопросов. В писаниях Отцов хранится великое духовное, христианское и церковное сокровище: догматическое и нравственное предание Святой Церкви. Очевидно, что книга «Подражание» привела упомянутого мужа в то настроение, из которого он выразился так опрометчиво, так ошибочно, так грустно[84]. Это – самообольщение! это – прелесть! составилась она из ложных понятий; ложные понятия родились из неправильных ощущений, сообщенных книгой. В книге жительствует и из книги дышит помазание лукавого духа, льстящего читателям, упоевающего их отравой лжи, услажденной утонченными приправами из высокоумия, тщеславия и сладострастия. Книга ведет читателей своих прямо к общению с Богом, без предочищения покаянием, почему и возбуждает особенное сочувствие к себе в людях страстных, незнакомых с путем покаяния, не предохраненных от самообольщения и прелести, не наставленных правильному жительству учением святых Отцов Православной Церкви. Книга производит сильное действие на кровь и нервы, возбуждает их, – и потому особенно нравится она людям, порабощенным чувственности; книгою можно наслаждаться, не отказываясь от грубых наслаждений чувственности. Высокоумие, утонченное сладострастие и тщеславие выставляются книгой за действие благодати Божией. Обоняв блуд свой в его утонченном действии, плотские люди приходят в восторг от наслаждения, от упоения, доставляемых беструдно, без самоотвержения, без покаяния, без «распятия плоти со страстьми и похотьми» (*Гал.5:24*), с ласкательством состоянию падения. Радостно переходят они, водимые слепотою своею и гордостью, с ложа любви скотоподобной на ложе любви более преступной, господствующей в блудилище духов отверженных. Некоторая особа, принадлежавшая по земному положению к высшему и образованнейшему обществу, а по наружности – к Православной Церкви, выразилась следующим образом о скончавшейся лютеранке, признанной этой особою за святую: «Она любила Бога страстно; она думала только о Боге; она видела только Бога; она читала только Евангелие и "Подражание", которое – второе Евангелие»[85]. Этими словами выражено именно то состояние, в которое приводятся читатели и чтители «Подражания». – Тождественно, в сущности своей, с этой фразой изречение знаменитой французской писательницы, г-жи де-Севинье о знаменитом французском поэте, Расине старшем. «Он любит Бога, – дозволила себе сказать г-жа Севинье, – как прежде любил своих наложниц»[86]. Известный критик Ла-Гарп, бывший сперва безбожником, потом перешедший к неправильно понятому и извращенному им христианству, одобряя выражение г-жи Севинье, сказал: «Сердце, которым любят Творца и тварь – одно, хотя последствия столько же различаются между собою, сколько различны и предметы»[87]. Расин перешел от разврата к прелести, называемой «мнением». Эта прелесть выражается со всей ясностью в двух последних трагедиях поэта: в «Есфири» и «Гофолии». Высокие христианские мысли и ощущения Расина нашли себе пространное место в храме Муз и Апполона[88], в театре возбудили восторг, рукоплескания. «Гофолия», признаваемая высшим произведением Расина, дана была сорок раз сряду. Дух этой трагедии – один с духом «Подражания». – Мы веруем, что в сердце человеческом имеется вожделение скотоподобное, внесенное в него падением, находящееся в соотношении с вожделением падших духов; мы веруем, что имеется в сердце и вожделение духовное, с которым мы сотворены, которым любится естественно и правильно Бог и ближний, которое находится в гармонии[89] с вожделением святых Ангелов. Чтоб возлюбить Бога и в Боге ближнего, необходимо очиститься от вожделения скотоподобного. Очищение совершает Святой Дух в человеке, выражающем жизнью произволение к очищению. Собственно и называется сердцем, в нравственном значении, вожделение и прочие душевные силы, а не член плоти – сердце. Силы сосредоточены в этом члене, – и перенесено общим употреблением наименование от члена к собранию сил.

В противоположность ощущению плотских людей, духовные мужи, обоняв воню зла, притворившегося добром, немедленно ощущают отвращение от книги, издающей из себя эту воню. Старцу Исаии – иноку, безмолвствовавшему в Никифоровской Пустыни[90], преуспевшему в умной молитве и сподобившемуся благодатного осенения, был прочитан отрывок из «Подражания». Старец тотчас проник в значение книги. Он засмеялся и воскликнул: «О! это написано из мнения. Тут ничего нет истинного! тут все – придуманное! Какими представлялись Фоме духовные состояния и как он мнил о них, не зная их по опыту, так и описал их». Прелесть, как несчастье, представляет собой зрелище горестное; как нелепость, она – зрелище смешное. Известный по строгой жизни архимандрит Кирилло-Новоезерского монастыря[91] Феофан, занимавшийся в простоте сердца почти исключительно телесным подвигом, и о подвиге душевном имевший самое умеренное понятие, сперва предлагал лицам, советовавшимся с ним и находившимся под его руководством, чтение книги «Подражание»; за немного лет до кончины своей он начал воспрещать чтение ее, говоря со святой простотою: «прежде признавал я эту книгу душеполезною, но Бог открыл мне, что она – душевредна». Такого же мнения о «Подражании» был известный деятельной монашеской опытностью иеросхимонах Леонид, положивший начало нравственному благоустройству в Оптиной пустыни[92]. Все упомянутые подвижники были знакомы мне лично. – Некоторый помещик, воспитанный в духе Православия, коротко знавший, так называемый, большой свет, то есть, мир, в высших слоях его, увидел однажды книгу «Подражание» в руках дочери своей. Он воспретил ей чтение книги, сказав: «Я не хочу, чтоб ты последовала моде, и кокетничала перед Богом». Самая верная оценка книге.

Ученик. Имеются ли еще какие виды прелести?

Старец. Все частные виды самообольщения и обольщения бесами относятся к двум вышесказанным главным видам, и происходят, или от неправильного действия ума, или от неправильного действия сердца. В особенности обширно действие «мнения». Не без основания относят к состоянию самообольщения и прелести душевное настроение тех иноков, которые, отвергнув упражнение молитвою Иисусовою и вообще умное делание, удовлетворяются одним внешним молением, то есть, неупустительным участием в церковных службах и неупустительным исполнением келейного правила, состоящего исключительно из псалмопения и молитвословия устных и гласных. Они не могут избежать «мнения», как это объясняет упомянутый старец Василий в предисловии к книге святого Григория Синаита, ссылаясь преимущественно на писания преподобных, этого Григория и Симеона, Нового Богослова. Признак вкравшегося «мнения» вынаруживается в подвижниках тем, когда они думают о себе, что проводят внимательную жизнь, часто от гордости презирают других, говорят худо о них, поставляют себя достойными, по мнению своему, быть пастырями овец и руководителями их, уподобляясь слепцу, берущемуся указывать путь другим слепцам[93]. Устное и гласное моление тогда плодоносно, когда оно сопряжено со вниманием, что встречается очень редко, потому что вниманию научаемся преимущественно при упражнении молитвою Иисусовою[94].

О ИСТИННОМ И ЛОЖНОМ СМИРЕННОМУДРИИ

«Никтоже вас да прельщает изволенным ему смиренномудрием» (*Колос. 2, 18*), сказал Святой Апостол Павел.

Истинное смиренномудрие состоит в послушании и последовании Христу (*Флп.2, 5–8*).

Истинное смиренномудрие – духовный разум. Оно – дар Божий; оно – действие Божественной благодати в уме и сердце человека.

Может быть и произвольное смиренномудрие: его сочиняет для себя душа тщеславная, душа обольщенная и обманутая лжеучением, душа, льстящая самой себе, душа, ищущая лести от мира, душа, всецело устремившаяся к земному преуспеянию и к земным наслаждениям, душа, забывшая о вечности, о Боге.

Произвольное, собственного сочинения смиренномудрие состоит из бесчисленных разнообразных ухищрений, которыми человеческая гордость старается уловить славу смиренномудрия от слепотствующего мира, от мира, любящего свое, от мира, превозносящего порок, когда порок облечен в личину добродетели, от мира, ненавидящего добродетель, когда добродетель предстоит взорам его в святой простоте своей, в святой и твердой покорности Евангелию.

Ничто так не враждебно смирению Христову, как смиренномудрие своевольное, отвергшее иго послушания Христу, и под покровом лицемерного служения Богу святотатственно служащее сатане.

Если мы будем непрестанно смотреть на грех свой, если будем стараться о том, чтоб усмотреть его подробно: то не найдем в себе никакой добродетели, не найдем и смиренномудрия.

Истинным смирением прикрывается истинная, святая добродетель: так закрывает целомудренная дева покрывалом красоту свою; так закрывается Святая Святых завесою от взоров народа.

Истинное смиренномудрие – характер евангельский, нрав евангельский, образ мыслей евангельский.

Истинное смирение – Божественное таинство: оно недоступно для постижения поступка человеческого. Будучи высочайшею премудростью, оно представляется буйством для плотского разума.

Божественное таинство смирения открывает Господь Иисус верному ученику Своему, непрестанно приседящему у ног Его, и внимающему Его животворящим глаголам. И открытое, оно пребывает сокровенным: оно неизъяснимо словом и языком земным. Оно для плотского разума непостижимо: непостижимо постигается разумом духовным, и, постиженное, пребывает непостижимым. Смирение – жизнь небесная на земле. Благодатное, дивное видение величия Божия и бесчисленных благодеяний Божиих человеку, благодатное познание Искупителя, последование Ему с самоотвержением, видение погибельной бездны, в которую ниспал род человеческий, – вот невидимые признаки смирения, вот первоначальные чертоги этой духовной палаты, созданной Богочеловеком.

Смирение не видит себя смиренным. Напротив того, оно видит в себе множество гордости. Оно заботится о том, чтоб отыскать все её ветви; отыскивая их, усматривает, что и еще надо искать очень много.

Преподобный Макарий Египетский, нареченный Церковью Великим, за превосходство своих добродетелей, особливо за глубокое смирение. Отец знаменоносный и Духоносный, сказал в своих возвышенных, святых, таинственных беседах, что самый чистый и совершенный человек имеет в себе нечто гордое[95].

Этот угодник Божий достиг высшей степени христианского совершенства, жил во времена, обильные святыми, видел величайшего из святых иноков Антония Великого, и сказал, что он не видел ни одного человека, который бы вполне и в точном смысле слова мог быть назван совершенным [96]. Ложное смирение видит себя смиренным: смешно и жалостно утешается этим обманчивым, душепагубным зрелищем.

Сатана принимает образ светлого Ангела; его апостолы принимают образ Апостолов Христовых (*2Кор. 11:13–15*.); его учение принимает вид учения Христова; состояния, производимые его обольщениями, принимают вид состояний духовных, благодатных: гордость его и тщеславие, производимые ими самообольщение и прелесть принимают вид смирения Христова. Ах! Куда скрываются от несчастных мечтателей, от мечтателей, бедственно-довольных собою, своими состояниями самообольщения, от мечтателей, думающих наслаждаться и блаженствовать, куда скрываются от них слова Спасителя: «Блаженны плачущии ныне, ...блаженны алчущии ныне», и «горе вам, насыщении ныне, ...горе вам, смеющимся ныне» (*Лук.6:21, 25*).

Посмотри попристальнее, посмотри беспристрастно на душу твою, возлюбленнейший брат! Не вернее ли для нее покаяние, чем наслаждение! Не вернее ли для нее плакать на земле, в этой юдоли горестей, назначенной именно для плача, нежели сочинять для себя безвременные, обольстительные, нелепые, пагубные наслаждения!

Покаяние и плач о грехах доставляют вечное блаженство: это известно; это достоверно; это возвещено Господом. Почему же тебе не погрузиться в эти святые состояния, не пребывать в них, а сочинять себе наслаждения, насыщаться ими, удовлетворяться ими, ими истреблять в себе блаженную алчбу и жажду правды Божией, блаженную и спасительную печаль о грехах твоих и о греховности.

Алчба и жажда правды Божией – свидетели нищеты духа: плач – выражение смирения, его голос. Отсутствие плача, насыщение самим собою и наслаждение своим мнимо-духовным состоянием, обличают гордость сердца.

Убойся, чтоб за пустое, обольстительное наслаждение, не наследовать вечного горя, обещанного Богом, для насыщенных ныне самовольно, в противность воле Божией.

Тщеславие и чада его – ложные наслаждения духовные, действующие в душе, не проникнутой покаянием, созидают призрак смирения. Этим призраком заменяется для души истинное смирение. Призрак истины, заняв собой храмину души, заграждает для самой Истины все входы в душевную храмину.

Увы, душа моя, Богозданный храм истины! – приняв в себя призрак истины, поклонившись лжи вместо Истины, ты соделываешься капищем!

В капище водружен идол: *мнение* смирения. *Мнение смирения* – ужаснейший вид гордости. С трудом изгоняется гордость, когда человек и признает её гордостью, но как он изгонит её, когда она кажется ему его смирением?

В этом капище горестная мерзость запустения! В этом капище разливается фимиам кумирослужения, воспеваются песнопения, которыми увеселяется ад. Там помыслы и чувства душевные вкушают воспрещенную снедь идоложертвенную, упиваются вином, смешанным с отравой смертоносной. Капище, жилище идолов и всякой нечистоты, недоступно не только для Божественной благодати, для дарования духовного, недоступно ни для какой истинной добродетели, ни для какой евангельской заповеди.

Ложное смирение так ослепляет человека, что вынуждает его не только думать о себе, намекать другим, что он смирен, но открыто говорить это, громко проповедовать[97].

Жестоко насмехается над нами ложь, когда обманутые ею, мы признаем её за истину.

Благодатное смирение невидимо, как невидим податель его – Бог. Оно закрыто молчанием, простотой, искренностью, непринужденностью, свободой.

Ложное смирение – всегда с сочиненной наружностью: ею оно себя публикует.

Ложное смирение любит сцены: ими оно обманывает и обманывается. Смирение Христово облечено в хитон и ризу (*Иоан. 19, 24*), в одежду, самую безыскуственную: покровенное этой одеждой, оно не узнается и не примечается человеками.

Смирение – залог в сердце, святое, безыменное сердечное свойство. Божественный навык, рождающийся неприметным образом в душе, от исполнения евангельских заповедей[98].

Действие смирения можно уподобить действию страсти сребролюбия. Зараженный недугом веры и любви к тленным сокровищам, чем более накопляет их, тем делается к ним жаднее и ненасытнее. Чем он более богатеет, тем для себя самого представляется беднее, недостаточнее. Так и водимый смирением, чем более богатеет добродетелями и духовными дарованиями, тем делается скуднее, ничтожнее пред собственными взорами.

Это – естественно. Когда человек не вкусил еще высшего добра, тогда собственное его добро, оскверненное грехом, имеет пред ним цену. Когда же он причастится добра Божественного, духовного, тогда без цены пред ним его добро собственное, соединенное, перемешанное со злом.

Дорог для нищего мешец медниц, собранный им в продолжительное время с трудом и утомлением. Богач неожиданно высыпал в его недра несметное число чистых червонцев, и нищий кинул с презрением мешец с медницами, как бремя, только тяготящее его.

Праведный, многострадальный Иов, по претерпении лютых искушений, сподобился Боговидения. Тогда он сказал Богу в вдохновенной молитве: «Слухом убо уха, слышах Тя первее, нынеже око мое виде Тя». Какой же плод прозяб в душе праведника от Боговидения? «Темже, – продолжает и заключает Иов свою молитву, – укорих себе сам, и истаях; и мню себе землю и пепел» (*Иов.42:5, 6*).

Хочешь ли стяжать смирение? Исполняй евангельские заповеди: вместе с ними будет вселяться в сердце твое, усвоиваться ему, святое смирение, т. е. свойства Господа нашего Иисуса Христа.

Начало смирения – нищета духа; средина – преуспеяния в нем, превыший всякого ума и постижения мир Христов; конец и совершенство – любовь Христова.

Смирение никогда не гневается, не человекоугодничает, не предается печали, ничего не страшится.

Может ли предаться печали тот, кто заблаговременно признал себя достойным всякой скорби?

Может ли устрашиться бедствий тот, кто заблаговременно обрек себя на скорби, кто смотрит на них, как на средство своего спасения.

Возлюбили угодники Божии слова благоразумного разбойника, который был распят близ Господа. Они при скорбях своих обыкли говорить: «достойное по делам нашим восприемлем; ...помяни нас, Господи... во Царствии Твоем» (*Лук. 23, 41–42*). Всякую скорбь они встречают признанием, что они достойны её[99].

Святый мир входит в сердца их со словами смирения! Он приносит чашу духовного утешения и к одру болящего, и в темницу к заключенному в ней, и к гонимому человеками, и к гонимому бесами.

Чаша утешения приносится рукою смирения и распятому на кресте; мир может принести ему только «оцет с желчию смешан» (*Мф. 27, 34*.)

Смиренный неспособен иметь злобы и ненависти: он не имеет врагов. Если кто из человеков причиняет ему обиды, он видит в этом человеке орудие правосудия, или промысла Божия.

Смиренный предает себя всецело воле Божией. Смиренный живет не своею собственной жизнею, но Богом.

Смиренный чужд самонадеянности, и потому он непрестанно ищет помощи Божией, непрестанно пребывает в молитве.

Ветвь плодоносная нагибается к земле, пригнетаемая множеством и тяжестью плодов своих. Ветвь бесплодная растет кверху, умножая свои бесплодные побеги.

Душа, богатая евангельскими добродетелями, глубже и глубже погружается в смирение, и в глубинах этого моря находит драгоценные перлы: дары Духа.

Гордость – верный знак пустого человека, раба страстей, знак души, в которой учение Христово не нашло никакого доступа.

Не суди о человеке по наружности его; не заключай о нем, что он горд, или смирен. «Не судите на лица», но «от плод их познаете их» (*Ин.7, 24; Мф.7, 16*). Господь велел познавать людей из действий их, из поведения, из последствий, которые вытекают из их действий.

«Вем аз гордость твою и злобу сердца твоего» (*1Пар. 17, 28*), говорил Давиду ближний его; но Бог засвидетельствовал о Давиде: «обретох Давида раба Моего, елеем святым Моим помазах его» (*Пс.88, 21*). «Не тако зрит человек, яко зритъ Бог: яко человек зрит на лице, Бог же зрит на сердце» (*1Цар.16, 7*).

Слепые судьи часто признают смиренным лицемера и низкого человекоугодника: он – бездна тщеславия.

Напротив того, для этих невежественных судей представляется гордым неищущий похвал и наград от человеков, и потому не пресмыкающийся пред человеками, а он – истинный слуга Божий; он ощутил славу Божию, открывающуюся одним смиренным, ощутил смрад славы человеческой, и отвратил от нея и очи, и обоняние души своей.

«Что значит веровать?» – спросили одного великого угодника Божиего. Он отвечал: «Веровать – значит пребывать в смирении и милости[100].

Смирение надеется на Бога – не на себя и не на человеков, и потому оно в поведении своем просто, прямо, твердо, величественно. Слепотствующие сыны мира называют это гордостью.

Смирение не дает никакой цены земным благам, в очах его – велик Бог, велико – Евангелие. Оно стремится к ним, не удостоивая тление и суету ни внимания, ни взора. Святую хладность к тлению и суетности сыны тления, служители суетности, называют гордостью.

Есть святой поклон от смирения, от уважения к ближнему, от уважения к образу Божию, от уважения к Христу в ближнем. И есть поклон порочный, поклон корыстный, поклон человекоугодливый и вместе человеконенавистный, поклон богопротивный и богомерзкий: его просил сатана у Богочеловека, предлагая за него все царствия мира и славу их (*Лук.4:7*).

Сколько и ныне поклоняющихся для получения земных преимуществ! Те, которым они поклоняются, похваляют их смирение.

Будь внимателен, наблюдай: покланяющийся тебе, покланяется ли из уважения к человеку, из чувства любви и смирения? Или же его поклон только потешает твою гордость, выманивает у тебя какую-нибудь выгоду временную.

Велики земли! Вглядись: пред тобою пресмыкается тщеславие, лесть, подлость! Они, когда достигнут своей цели, над тобой же будут насмехаться, предадут тебя при первом случае. Щедрот твоих никогда не изливай на тщеславного: тщеславный сколько низок пред высшим себя, столько нагл, дерзок, бесчеловечен с нисшими себя[101]. Ты познаешь тщеславного по особенной способности его к лести, к услужливости, ко лжи, ко всему подлому и низкому.

Пилат обиделся Христовым молчанием, которое ему показалось гордым. «Мне ли, – сказал он, – не отвечаешь, или не знаешь, что имею власть отпустить Тебя и власть распять Тебя» (*Ин. 19, 10*). Господь объяснил свое молчание явлением воли Божией, которой Пилат, думавший действовать самостоятельно, был только слепым орудием. Пилат от собственной гордости был неспособен понять, что ему предстояло всесовершенное смирение: вочеловечившийся Бог.

Высокая душа, душа с надеждою небесною, с презрением к тленным благам мира, неспособна к мелкой человекоугодливости и низкопоклонности. Ошибочно называешь ты эту душу гордой, потому-что она не удовлетворяет требованию страстей твоих. Аман! Почти благословенную, Богоугодную гордость Мардохея! Эта, в очах твоих гордость – святое смирение[102].

Смирение – учение евангельское, евангельская добродетель, таинственная сила Христова. Облеченный в смирение Бог явился человекам, и кто из человеков облечется во смирение, соделывается Богоподобным[103].

«Аще кто хощет по Мне ити», – возвещает святое Смирение: да отвержется себе и возмет крест свой, и по Мне грядет» (*Мф. 16, 24*). Иначе невозможно быть учеником и последователем Того, Кто смирился до смерти, до смерти крестной. Он возсел одесную Отца. Он Новый Адам, Родоначальник святого племени избранных. Вера в Него вписывает в число избранных; избрание приемлется святым смирением, запечатлевается святой любовью. Аминь.

ЗРЕНИЕ ГРЕХА СВОЕГО

Придет то страшное время, настанет тот страшный час, в который все грехи мои предстанут обнаженными пред Богом – Судией, пред Ангелами Его, пред всем человечеством. Предощущая состояние души моей в этот грозный час, исполняюсь ужаса. Под влиянием живого и сильного предощущения, с трепетом спешу погрузиться в рассматривание себя, спешу поверить в книге совести моей отмеченные согрешения мои делом, словом, помышлением.

Давно нечитанные, застоявшиеся в шкафах книги пропитываются пылью, истачиваются молью. Взявший такую книгу встречает большое затруднение в чтении её. Такова моя совесть. Давно не пересматриваемая, она с трудом могла быть открыта. Открыв её, я не нахожу ожиданного удовлетворения. Только крупные грехи значатся довольно ясно; мелкие письмена, которых множество, почти изгладились, и не разобрать теперь, что было изображено ими.

Бог, один Бог может побледневшим письменам возвратить яркость и избавить человека «от совести лукавой» (*Евр. 10, 22*). Один Бог может даровать человеку зрение грехов его и зрение греха его – его падения, в котором корень, семя, зародыш, совокупность всех человеческих согрешений.

Призвав на помощь милость и силу Божию, призвав их на помощь теплейшею молитвою, соединенной с благоразумным постом, соединенной с плачем и рыданием сердца, снова раскрываю книгу совести, снова всматриваюсь в количество и качество грехов моих; всматриваюсь, что породили для меня соделанные мною согрешения?

Вижу: «Беззакония моя превзыдоша главу мою, яко бремя тяжкое отяготеша на мне, ...умножишася паче влас главы моея» (*Псал. 37:5, 39:13*). Какое последствие такой греховности? «Постигоша мя беззакония моя и не возмогох зрети; сердце мое остави мя» (*Псал. 39:13*). Последствием греховной жизни бывают слепота ума, ожесточение, нечувствие сердца. Ум закоренелого грешника не видит ни добра, ни зла; сердце его теряет способность к духовным ощущениям. Если, оставя греховную жизнь, этот человек обратиться к благочестивым подвигам, то сердце его, как бы чужое, не сочувствует его стремлению к Богу.

Когда при действии Божественной благодати откроется подвижнику множество согрешений его, тогда невозможно, чтобы он не пришел в крайнее недоумение, не погрузился в глубокую печаль. «Сердце мое смятеся от такового зрелища, остави мя сила моя, и свет очию моею, и той несть со мною: яко лядвия моя наполнишася поруганий», то есть деятельность моя исполнилась преткновений от навыка к греху, влекущего насильно к новым согрешениям; «возсмердеша и согниша раны моя от лица безумия моего», то есть, греховные страсти состарелись и страшно повредили меня по причине моей невнимательной жизни; «несть исцеления вь плоти моей», то есть, нет исцеления при посредстве одних собственных моих усилий, для всего существа моего, пораженного и зараженного грехом (*Псал. 37:11, 8, 6*).

Сознанием грехов моих, раскаяньем в них, исповеданием их, сожалением о них повергаю все бесчисленное их множество в пучину милосердия Божия. Чтоб на будущее время остеречься от греха, присмотрюсь, уединившись в самого себя, как действует против меня грех, как он приступает ко мне, что говорит мне.

Приступает он ко мне, как тать; прикрыто лицо его; «умякнуша словеса его паче елея» (*Псал. 54:22.*); говорит он мне ложь, предлагает беззаконие. Яд во устах его; язык его – смертоносное жало.

«Насладись! Тихо и льстиво шепчет он, зачем запрещено тебе наслаждение? Насладись! Какой в том грех?» – и предлагает, злодей, нарушение заповеди всесвятого Господа.

Не должно б было обращать никакого внимания на слова его; знаю я что он тать и убийца. Но какая-то непонятная немощь, немощь воли, побеждает меня! Внимаю словам греха, смотрю на плод запрещенный. Тщетно совесть напоминает мне, что вкушение этого плода – вместе и вкушение смерти.

Если нет плода запрещенного пред глазами моими, внезапно рисуется этот плод в моем воображении, рисуется живописно, как бы рукою очарования.

Влекуться чувства сердца к картине соблазнительной, подобной блуднице. Наружность её – пленительна; дышит из ней соблазн; украшена она в драгоценную, блестящую утварь; тщательно укрыто её смертоносное действие. Ищет грех жертвы от сердца, когда не может принести этой жертвы тело, за отсутствием самого предмета.

Действует во мне грех мыслею греховной, действует ощущением греховным, ощущением сердца и ощущением тела; действует чрез телесные чувства, действует чрез воображение.

К какому заключению ведет меня такое воззрение на себя? К заключению, что во мне, во всем существе моем, живет повреждение греховное, которое сочувствует и вспомоществует греху, нападающему на меня извне. Я подобен узнику, окованному тяжкими цепями: всякий, кому только это будет дозволено, хватает узника, влечет его куда хочет, потому что узник, будучи окован цепями, не имеет возможности оказать сопротивления.

Проник некогда грех в высокий рай. Там предложил он праотцам моим вкушение плода запрещенного. Там он обольстил; там обольщенных поразил вечной смертью. И мне, потомку их, непрестанно повторяет то же предложение; и меня, потомка их, непрестанно старается обольстить и погубить.

Адам и Ева немедленно по согрешении были изгнанны из рая и изринуты в страну горестей (*Быт. 3, 23–24*.): я родился в этой стране плача и бедствий! Но это не оправдывает меня: сюда принесен мне рай Искупителем, всажден в сердце мое. Я согнал грехом рай из сердца моего. Теперь там – смешение добра со злом, там – лютая борьба добра со злом, там – столкновение бесчисленных страстей, там мука, предвкушение вечной муки адской.

В себе вижу доказательство, что я сын Адама: сохраняю его наклонность к злу; соглашаюсь с предложениями обольстителя, хотя и знаю наверно, что предлагается мне обман, готовится убийство.

Напрасно бы я стал обвинять праотцов за сообщенный мне ими грех: я освобожден из плена греховного Искупителем и уже впадаю в грехи не от насилия, а произвольно.

Праотцы совершили в раю однажды преступление одной заповеди Божией, а я, находясь в лоне Церкви Христовой, непрестанно нарушаю все Божественные заповедания Христа, Бога и Спасителя моего.

То волнуется душа моя гневом и памятозлобием! В воображении моем сверкает кинжал над главою врага и сердце упивается удовлетворенным мщением, совершенным мечтой. То представляются мне рассыпанные кучи золота! Вслед за ними рисуются великолепные палаты, сады, все предметы роскоши, сладострастия, гордости, которые доставляются золотом, и за которые грехолюбивый человек поклоняется этому идолу – средству осуществления всех тленных пожеланий. То прельщаюсь почестями и властью! Влекусь, занимаюсь мечтаниями о управлении людьми и странами, о доставлении им приобретений тленных, а себе тленной славы. То, как бы очевидно, предстоят мне столы с дымящимися и благоухающими яствами! Смешно и вместе жалостно услаждаюсь я представляющимися предо мною обольщениями. То внезапно вижу себя праведным, или, правильнее, сердце мое лицемерствует, усиливается присвоить себе праведность, льстит само себе, заботится о похвале человеческой, как бы привлечь её себе!

Страсти оспаривают меня одна у другой, непрерывно передают одна другой, возмущают, тревожат.

И не вижу своего горестного состояния! На уме моем непроницаемая завеса мрака; на сердце лежит тяжелый камень нечувствия.

Опомнится ли ум мой, захочет ли направиться к добру? Противится ему сердце, привыкшее к наслаждениям греховным, противится ему тело мое, стяжавшее пожелания скотские. Утратилось даже во мне понятие, что тело мое, как сотворенное для вечности, способно к желаниям и движениям Божественным, что стремления скотоподобные – его недуг, внесенный в него падением.

Разнородные части, составляющие существо мое – ум, сердце и тело – рассечены, разъединены, действуют разногласно, противодействуют одна другой; тогда только действуют в минутном, богопротивном согласии, когда работают греху.

Таково мое состояние! Оно – смерть души при жизни тела. Но я доволен своим состоянием! Доволен не по причине смирения – по причине слепоты моей, по причине ожесточения моего. Не чувствует душа своего умерщвления, как не чувствует его и тело, разлученное от души смертью.

Если б и чувствовал умерщвление мое, пребывал бы в непрерывном покаянии! Если б я чувствовал мое умерщвление, заботился бы о воскресении!

Я весь занят попечениями мира, мало озабочен моим душевным бедствием! Жестоко осуждаю малейшие согрешения ближних моих; сам наполнен грехом, ослеплен им, превращен в столп сланый подобно жене Лотовой, неспособен ни к какому движению духовному.

Не наследовал я покаяния, потому что еще не вижу греха моего. Я не вижу греха моего, потому что еще работаю греху. Не может увидеть греха своего наслаждающийся грехом, дозволяющий себе вкушение его – хотя бы одними помышлениями и сочувствием сердца.

Тот только может увидеть грех свой, кто решительным произволением отрекся от всякой дружбы со грехом, кто встал на бодрой страже во вратах дому своего с обнаженным мечом – глаголом Божиим, кто отражает, посекает этим мечом грех, в каком бы виде он ни приблизился к нему.

Кто совершит великое дело – установит вражду со грехом, насильно отторгнув от него ум, сердце и тело, тому дарует Бог великий дар: *Зрение греха своего*.

Блаженна душа, узревшая гнездящийся в себе грех! Блаженна душа, узревшая в себе падение праотцов, ветхость ветхого Адама! Такое видение греха своего есть видение духовное, видение ума, исцеленного от слепоты Божественной благодатью. С постом и коленопреклонением научает святая Восточная Церковь испрашивать у Бога зрение греха своего.

Блаженна душа, непрестанно поучающаяся в Законе Божием! В нем может она увидеть образ и красоты Нового Человека, по ним усмотреть и исправить свои недостатки.

Блаженна душа, купившая село покаяния умерщвлением себя по отношению к начинаниям греховным! На этом селе найдет она бесценное сокровище спасения.

Если ты стяжал село покаяния, вдайся в младенческий плач пред Богом. Не проси, если можешь не просить ничего у Бога; отдайся с самоотвержением в Его волю.

Пойми, ощути, что ты создание, а Бог – Создатель. Отдайся же безотчетливо в волю Создателя, принеси Ему один младенческий плач, принеси Ему молчащее сердце, готовое последовать Его воле и напечатлеваться Его волей.

Если же по младенчеству твоему не можешь погрузиться в молитвенное молчание и плач пред Богом: произноси пред Ним смиренную молитву, молитву о прощении грехов и исцелении от греховных страстей, этих страшных нравственных недугов, составляющихся от произвольных, повторяемых в течение значительного времени, согрешений.

Блаженна душа, которая сознала себя вполне недостойной Бога, которая осудила себя, как окаянную и грешную! Она – на пути спасения; в ней нет самообольщения.

Напротив того, кто считает себя готовым к приятию благодати, кто считает себя достойным Бога, ожидает и просит Его таинственного пришествия, говорит, что он готов принять, услышать и увидеть Господа, тот обманывает себя, тот льстит себе; тот достиг высокого утеса гордости, с которого падение в мрачную пропасть пагубы[104]. Туда ниспадают все возгордившиеся над Богом, дерзающие бесстыдно признавать себя достойными Бога, и из этого самомнения и самообольщения говорить Богу: «глаголи, Господи, яко слышит раб твой» (1Цар. 3:9).

Услышал воззвавшего его Господа юный пророк Самуил, и, не признавая себя достойным беседы с Господом, предстал своему престарелому наставнику, испрашивая у него наставления для своего поведения. Услышал Самуил во второй раз тот же призывающий голос и опять предстал наставнику. Наставник понял, что голос призывавшего был голос Божий: повелел юноше, когда он услышит подобное призвание, отвечать говорящему: «Глаголи, Господи, яко слышит раб твой».

Тоже дерзает говорить сладострастный и надменный мечтатель, никем не призываемый, упоенный тщеславным мнением, сочиняющий в себе гласы и утешения, ими льстящий надменному своему сердцу, ими обманывающий себя и легковерных своих последователей.

«Подражание», Московского издания, 1834 г., кн. 3. гл. 2. В указываемом нами месте западного писателя разгорячение, самомнение и самообольщение выставляются так ярко и живописно, что признается не лишним представить вниманию читателя самый текст: «Говори, Господи, ибо раб Твой слышит. Я – раб Твой! Вразуми меня, да познаю свидетельства Твои. Преклони сердце мое к словам уст Твоих, и да снидет, как роса, глагол Твой. Сыны Израилевы говорили некогда Моисею: говори ты к нам, и мы будем слушать; Господь же да не говорит к нам, дабы нам не умереть. Не так. Господи, не так молю я! Но паче с пророком Самуилом смиренно и ревностно умоляю: говори, Господи, ибо раб Твой слышит. Да не говорит мне Моисей, или другой кто из пророков: но паче говори Ты, Господи Боже, дарующий вдохновение и просвещение всем пророкам. Ты един, без них, можешь совершенно научить меня; они же без Тебя не могут иметь никакого успеха. Могут звучать слова их, но Духа не сообщают! Они изящно говорят, но, когда Ты молчишь, не воспламеняют сердца они передают буквы; но Ты отверзаешь смысл! они изрекают таинства: но Ты отверзаешь разум иносказаний! Они объявляют Твои веления, но Ты подаешь силу к исполнению! Они показывают путь, но Ты даешь крепость проходить его! Они действуют только извне, но Ты наставляешь и просвещаешь сердца! Они орошают внешне, но Ты даруешь плодоносив! Они взывают словами, но Ты даешь слуху разумение! И потому да не говорит мне Моисей! Говори Ты, Господи, Боже мой, вечная Истина. Да не умру и останусь бесплодным, если буду наставляем только наружно. внутренне же не буду воспламенен, и да не будет мне в суд слово слышанное, и неисполненное, познанное, и любовью не объятое, уверованное, и не соблюденное. Итак, говори, Господи, ибо раб Твой слышит: «Ты имеешь глаголы жизни вечной». Дерзость этого напыщенного велеречия и пустословия наводит ужас и глубокую печаль на душу, воспитанную учением Православной Церкви. Устранено тут покаяние! Устранено сокрушение духа! Тут решительно в стремление к ближайшему и теснейшему соединению с Богом. Таково вообще настроение аскетических западных писателей. Один из них, выражая свое неправильное понимание достоинства Божией Матери, заключает исступленное велеречие следующим образом: «И так! Кинемся в объятия Богоматери!» Противоположно это настроение настроению, которое преподает святая Восточная Церковь своим чадам. «Аще не быхом святыя Твоя имели молитвенники, — говорит она в одном из песнопений своих, — и благостыню Твою, милующую нас, како смели быхом, Спасе, пети Тя, Его же славословят непрестанно Ангели»[105]. В другом песнопении она говорит: «К Богородице прилежно ныне притецем, грешнии и смирении, и припадем, в покаянии зовуще из глубины души: Владычице, помози, на ны милосердовавши, потщися: погибаем от множества прегрешений! не отврати твоя рабы тщы: тя бо и едину надежду имамы»[106]. Непонятно состояние самообольщения и бесовской прелести для тех, которые не воспитаны духовным подвигом по преданию Православной Церкви: признают они это бедственное состояние за состояние самое правильное, благодатное. Потрудившийся перевести «Подражание» с латинского языка на русский, поместил в конце книги свои наставления для читателя. Указывая на 2-ю главу 3-й книги, на эту живопись самообольщения и самомнения, он советует пред всяким благочестивым чтением приводить себя в настроение, изображенное в этой главе. Очевидно, что таким настроением предоставляется свобода объяснять Священное Писание по произволу, снимается обязательство последовать объяснению, сделанному святыми Отцами и принятому Церковью. Это – догмат протестантизма.

Сын Восточной Церкви, единой святой и истинной! В невидимом подвиге твоем руководствуйся наставлениями святых Отцов твоей Церкви: от всякого видения, от всякого гласа вне и внутри тебя, прежде нежели обновишься явственным действием Святаго Духа, они повелевают отвращаться, как от явного повода к самообольщению[107].

Храни ум безвидным; отгоняй все приближающиеся к нему мечты и мнения, которыми падение заменило истину. Облеченный в покаяние, предстой со страхом и благоговением пред великим Богом, могущим очистить грехи твои, и обновить тебя Своим Пресвятым Духом. Пришедший Дух наставит тебя на «всяку истину» (*Ин.16, 13*).

Чувство плача и покаяния – едино на потребу душе, приступившей к Господу с намерением получить от

Него прощение грехов своих. Это – благая часть! Если ты избрал её, то да не отымется она от тебя! Не променяй этого сокровища на пустые, ложные, насильственные, мнимоблагодатные чувствования, не погуби себя лестью себе.

«Если некоторые из Отцов, – говорит преподобный Исаак Сирский, – написали о том, что есть чистота души, что есть здравие её, что бесстрастие, что видение: то написали не с тем, чтоб мы искали их преждевременно и с ожиданием. Сказано Писанием: «Не приидет царствие Божие с соблюдением» (*Лук. 17:20*). Те, в которых живет ожидание, стяжали гордыню и падение... Искание с ожиданием высоких Божиих даров отвергнуто Церковью Божией. Это – не признак любви к Богу; это – недуг души»[108].

Все святые признавали себя недостойными Бога: этим они явили свое достоинство, состоящее в смирении[109].

Все самообольщенные считали себя достойными Бога: этим явили объявшую их души гордость и бесовскую прелесть. Иные из них приняли бесов, представших им в виде ангелов и последовали им; другим являлись бесы в своем собственном виде, и представлялись побежденными их молитвой, чем вводили их в высокоумие; иные возбуждали свое воображение, разгорячали кровь, производили в себе движения нервные, принимали это за благодатное наслаждение, и впали в самообольщение, в совершенное омрачение, причислились по духу своему к духам отверженным.

Если имеешь нужду беседовать с самим собой, приноси себе не лесть, а самоукорение. Горькие врачества полезны нам в нашем состоянии падения. Льстящие себе уже восприяли здесь на земле мзду свою – свое самообольщение, похвалу и любовь враждебного Богу мира: нечего им ожидать в вечности кроме осуждения.

«Грех мой предо мною есть выну» (*Псал.50:5*)[110], говорит о себе святой Давид: грех его был предметом непрестанного его рассматривания. «Беззаконие мое аз возвещу, и попеку ся о гресе моем» (*Псал. 37:19*).

Святой Давид занимался самоосуждением, занимался обличением греха своего, когда грех уже был прощен, и дар Святаго Духа уже был возвращен ему. Этого мало: он обличил грех свой, исповедал его во услышание вселенной (*Псал. 50*).

Святые Отцы Восточной Церкви, особливо пустынножители, когда достигали высоты духовных упражнений, тогда все эти упражнения сливались в них в одно покаяние. Покаяние обымало всю жизнь их, всю деятельность их: оно было последствием зрения греха своего.

Некоторого великого Отца спросили, в чем должно заключаться делание уединенного инока? Он отвечал: «Умерщвленная душа твоя предлежит твоим взорам, и ты ли спрашиваешь, какое должно быть твое делание»[111]? Плач – существенное деланье истинного подвижника Христова; плач – деланье его от вступления в подвиг и до совершения подвига.

Зрение греха своего и рождаемое им покаяние – суть деланья, не имеющая окончания на земле: зрением греха возбуждается покаяние; покаянием доставляется очищение; постепенно очищаемое око ума начинает усматривать такие недостатки и повреждения во всем существе человеческом, которых оно прежде, в омрачении своем, совсем не примечало.

Господи! Даруй нам зреть согрешения наши, чтоб ум наш, привлеченный всецело ко вниманию собственным погрешностям нашим, престал видеть погрешности ближних, и таким образом увидел бы всех ближних добрыми. Даруй сердцу нашему оставить пагубное попечение о недостатках ближнего, все попечения свои соединить в одно попечение о стяжании заповеданной и уготованной нам Тобою чистоты и святыни. Даруй нам, осквернившим душевные ризы, снова убелить их: они уже были омыты водами крещения, нуждаются теперь, по осквернении, в омовении слезными водами. Даруй нам узреть, при свете благодати Твоей, живущие в нас многообразные недуги, уничтожающие в сердце духовные движения, вводящие в него движения кровяные и плотские, враждебные царствию Божию. Даруй нам великий дар покаяния, предшествуемый и рождаемый великим даром зрения грехов своих. Охрани нас этими великими дарами от пропастей самообольщения, которое открывается в душе от непримечаемой и непонимаемой греховности её; рождается от действия непримечаемых и непонимаемых ею сладострастия и тщеславия. Соблюди нас этими великими дарами на пути нашем к Тебе, и даруй нам достичь Тебя, призывающего сознающихся грешников, и отвергающего признающих себя праведниками, да славословим вечно в вечном блаженстве Тебя, Единого Истинного Бога, Искупителя плененных, Спасителя погибших. Аминь.

О ЛЮБВИ К БЛИЖНЕМУ

Что может быть прекраснее, насладительнее любви к ближнему?

Любить – блаженство; ненавидеть – мука. Весь закон и пророки сосредотачиваются в любви к Богу и ближнему (*Мф. 22, 40*).

Любовь к ближнему есть стезя, ведущая в любовь к Богу: потому что Христос благоволил таинственно облечься в каждого ближнего нашего, а во Христе – Бог (1 послание Иоанна).

Не подумай, возлюбленнейший брат, чтоб заповедь любви к ближнему была так близка к нашему падшему сердцу: заповедь – духовна, а нашим сердцем овладели плоть и кровь; заповедь – новая, а сердце наше – ветхое.

Естественная любовь наша повреждена падением; её нужно умертвить – повелевает это Христос – и почерпнуть из Евангелия святую любовь к ближнему, любовь во Христе.

Свойства нового человека должны быть все новые; никакое ветхое свойство нейдет ему.

Не имеет цены пред Евангелием любовь от движения крови и чувствований плотских.

И какую может она иметь цену, когда при разгорячении крови дает клятву положить душу за Господа, а чрез несколько часов, при охлаждении крови, дает клятву, что не знает Его (*Мф. 26:33, 35, 74.*)?

Евангелие отвергает любовь зависящую от движения крови, от чувств плотского сердца. Оно говорит: «Не мните яко приидох воврещи мир на землю: не приидох вовреши мир, но меч. Приидох бо разлучити человека на отца своего и дщерь на матерь свою, и невестку на свекровь свою: И врази человеку домашний его» (*Мф.10:34– 36*).

Падение подчинило сердце владычеству крови, и, посредством крови, владычеству миродержителя. Евангелие освобождает сердце из этого плена, из этого насилия, приводит под руководство Святаго Духа. Святый Дух научает любить ближнего свято. Любовь, возженная, питаемая Святым Духом – огнь. Этим огнем погашается огнь любви естественной, плотской, поврежденной грехопадением[112].

«Говорящий, что можно иметь ту и другую любовь, обольщает сам себя», сказал святой Иоанн Лествичник[113].

В каком падении наше естество! Тот, кто по естеству способен с горячностию любить ближнего, должен делать себе необыкновенное принуждение, чтобы любить его так, как повелевает любить Евангелие.

Пламеннейшая естественная любовь легко обращается в отвращение, в непримиримую ненависть (*2Цар. 13, 15*). Естественная любовь выражалась и кинжалом. В каких язвах – наша любовь естественная! Какая тяжкая на ней язва – пристрастие! Обладаемое пристрастием сердце способно ко всякой несправедливости, ко всякому беззаконию, лишь бы удовлетворить болезненной любви своей.

«Мерила льстивая мерзость пред Господем, вес же праведный приятен Ему» (*Притч.11:1*).

Естественная любовь доставляет любимому своему одно земное; о небесном она не думает.

Она враждует против Неба и Духа Святаго; потому что Дух требует распятия плоти. Она враждует против Неба и Духа Святаго: потому что находится под управлением духа лукавого, духа нечистого и погибшего.

Приступим к Евангелию, возлюбленнейший брат, поглядимся в это зеркало! Глядясь в него, свергнем ризы ветхие, в которые облекло нас падение, украсимся ризою новою, которая приготовлена нам Богом.

Риза новая – Христос. «Елицы во Христа крестистеся, во Христа облекостеся» (*Гал.3, 27*). Риза новая – Дух Святый. «Облечетеся силою выше» (*Лук. 24:49*), сказал о этой ризе Господь. Облекаются христиане в свойства Христовы, действием всеблагого Духа.

Возможно для христианина это одеяние. «Облецытеся Господем нашим Иисус Христом, и плоти угодия не творите в похоти» (*Рим.13, 14*), – говорит Апостол.

Сперва, руководствуясь Евангелием, откинь вражду, памятозлобие, гнев, осуждение и все, что прямо противодействует любви.

Евангелие велит молиться за врагов, благославлять клянущих, творить добро ненавидящим, оставлять ближнему все, что бы он ни сделал против нас.

Постарайся, желающий последовать Христу, исполнять все эти заповедания самим делом.

Очень недостаточно: только с удовольствием прочитать веления Евангелия, и подивиться высокой нравственности, которую они в себе содержат. К сожалению, многие этим удовлетворяются.

Когда приступишь к исполнению велений Евангелия: тогда с упорством воспротивятся этому исполнению владыки твоего сердца. Эти владыки: твое собственное плотское состояние, при котором ты подчинен плоти и крови, и падшие духи, которым подвластная страна – плотское состояние человека.

Плотское мудрование, его правда и правда падших духов потребуют от тебя, чтобы ты не уронил чести своей и других тленных преимуществ, защитил их. Но ты с мужеством выдержи невидимую борьбу, водимый Евангелием, водимый Самим Господом.

Пожертвуй всем для исполнения евангельских заповедей. Без такого пожертвования ты не возможешь быть исполнителем их. Господь сказал ученикам Своим: «Аще кто хощет по Мне ити, да отвержется себе» (*Мф.16, 24*).

Когда с тобою Господь, – надейся на победу: Господь не может не быть победителем.

Испроси себе у Господа победу, испроси её постоянною молитвою и плачем. И придет неожиданно действие благодати в твое сердце: ты ощутишь внезапно сладостнейшее упоение духовною любовью ко врагам.

Еще предстоит тебе борьба! Еще нужно тебе быть мужественным! Взгляни на предметы твоей любви: они очень тебе нравятся? К ним очень привязано твое сердце? Отрекись от них.

Этого отречения требует от тебя Господь, законоположитель любви не с тем, чтоб лишить тебя любви и любимых, но чтоб ты, отвергнув любовь плотскую, оскверненную примесию греха, соделался способным принять любовь духовную, чистую, святую, которая – верховное блаженство.

Ощутивший любовь духовную, с омерзением будет взирать на любовь плотскую, как на уродливое искажение любви. Как отречься от предметов любви, которые как бы приросли к самому сердцу? – скажи о них Богу: «Они, Господи, Твои, а я – кто? Немощное создание, не имеющее никакого значения».

«Сегодня я еще странствую на земле, могу быть полезным для любимых моих чем-нибудь; завтра, может быть, исчезну с лица её, и я для них – ничто!»

«Хочу, или не хочу, – приходит смерть, приходят прочие обстоятельства, насильственно отторгают меня от тех, которых я считал моими, и они уже – не мои. Они и не были по самой вещи моими; было какое-то отношение между мною и ими; обманываясь этим отношением, я называл, признавал их моими. Если б они были точно мои, – навсегда остались бы принадлежать мне». «Создания принадлежат одному Создателю: Он – их Бог и Владыка. Твое, Господь мой, отдаю Тебе: себе присваивал я их неправильно и напрасно».

Для них вернее быть Божиими. Бог вечен, вездесущ, всемогущ, безмерно благ. Тому, кто Его, Он – самый верный, самый надежный Помощник и Покровитель.

Свое Бог дает человеку: и делаются человеку человеки своими, на время по плоти, навеки по духу, когда Бог благоволит дать этот дар человеку.

Истинная любовь к ближнему основана на вере в Бога: она – в Боге. «Вси едино будут, – вещал Спаситель мира к Отцу Своему – якоже Ты, Отче, во Мне, и Аз въ Тебе, да и тии в Нас едино будут» (*Ин.17:21*).

Смирение и преданность Богу убивают плотскую любовь. Значит: она живет самомнением и неверием. Делай, что можешь полезного и что позволяет закон, твоим любимым; но всегда поручай их Богу, и слепая, плотская, безотчетливая любовь твоя обратится мало-помалу в духовную, разумную, святую.

Если же любовь твоя – пристрастие противозаконное, то отвергни её, как мерзость.

Когда сердце твое не свободно, – это знак пристрастия. Когда сердце твое в плену, – это знак страсти безумной, греховной. Святая любовь – чиста, свободна, вся в Боге. Она действие Святаго Духа, действующего в сердце, по мере его очищения.

Отвергнув вражду, отвергнув пристрастия, отрекшись от плотской любви, стяжи любовь духовную; «уклонися от зла, и сотвори благо» (*Пс. 33, 15*).

Воздавай почтение ближнему как образу Божию, – почтение в душе твоей, невидимое для других, явное лишь для совести твоей. Деятельность твоя да будет таинственно сообразна твоему душевному настроению.

Воздавай почтение ближнему, не различая возраста, пола, сословия, – и постепенно начнет являться в сердце твоем святая любовь. Причина этой святой любви – не плоть и кровь, не влечение чувств, – Бог.

Лишенные славы христианства не лишены другой славы, полученной при создании: они – образ Божий.

Если образ Божий будет ввергнут в пламя страшное ада, и там я должен почитать его.

Что мне за дело до пламени, до ада! Туда ввергнут образ Божий по суду Божию: мое дело сохранить почтение к образу Божию, и тем сохранить себя от ада. И слепому, и прокаженному, и поврежденному рассудком, и грудному младенцу, и уголовному преступнику, и язычнику окажи почтение, как образу Божию. Что тебе до их немощей и недостатков! Наблюдай за собою, чтобы тебе не иметь недостатка в любви.

В христианине воздай почтение Христу, Который сказал в наставление нам и еще скажет при решении нашей участи вечной: «Еже сотвористе меньшему сих братий Моих, Мне сотвористе» (*Мф.25, 40*).

В обращении твоем с ближними содержи в памяти это изречение Евангелия, и соделаешься наперсником любви к ближнему. Наперсник любви к ближнему входит ею в любовь к Богу.

Но если ты думаешь, что любишь Бога, а в сердце твоем живет неприятное расположение хотя к одному человеку: то ты – в горесном самообольщении.

«Аще кто речет, – говорит святой Иоанн Богослов? – яко люблю Бога, а брата своего ненавидит, ложь есть... Сию заповедь имамы от Него, да любяй Бога любить и брата своего» (*1Ин. 4, 20, 21*).

Явление духовной любви к ближнему – признак обновления души Святым Духом: «Мы вемы, – говорит опять Богослов, – яко преидохом от смерти в живот, яко любим братию: не любяй бо брата пребывает в смерти» (*1Ин. 3, 14*).

Совершенство христианства – в совершенной любви к ближнему. Совершенная любовь к ближнему – в любви к Богу, для которой нет совершенства, для которой нет окончания в преуспеянии. Преуспеяние в любви к Богу – бесконечно: потому что любовь есть бесконечный Бог (*1Ин. 4:16*). Любовь к ближнему – основание в здании любви. Возлюбленный брат! Ищи раскрыть в себе духовную любовь к ближним: войдя в нее, войдешь в любовь к Богу, во врата воскресения, во врата царства небесного. Аминь.

О ЛЮБВИ К БОГУ

Люби Бога так, как он заповедал любить Его, а не так, как думают любить Его самообольщенные мечтатели.

Не сочиняй себе восторгов, не приводи в движение своих нервов, не разгорячай себя пламенем вещественным, пламенем крови твоей. Жертва, благоприятная Богу – смирение сердца, сокрушение духа. С гневом отвращается Бог от жертвы, приносимой с самонадеянностью, с гордым мнением о себе, хотя бы эта жертва была всесожжением.

Гордость приводит нервы в движение, разгорячает кровь, возбуждает мечтательность, оживляет жизнь падения; смирение успокаивает нервы, укрощает движение крови, уничтожает мечтательность, умерщвляет жизнь падения, оживляет жизнь о Христе Иисусе.

«Послушание пред Господом паче жертвы благи, и покорение паче тука овня», – говорил Пророк царю израильскому, дерзнувшему принести Богу неправильную жертву (*1Цар. 15:22*.): желая принести Богу жертву любви, не принеси её своевольно, по влечению необдуманному; принеси со смирением, в то время и на том месте, когда и где заповедал Господь.

Духовное место, на котором одном заповедано приносить духовные жертвы, – смирение[114].

Господь отметил верными и точными признаками любящего и нелюбящего. Он сказал: «Аще кто любит Мя, слово Мое соблюдет... Не любяй Мя, словес Моих не соблюдает» (*Ин.14:23, 24*).

Ты хочешь научиться любви Божией? Удаляйся от всякого дела, слова, помышления, ощущения, воспрещенных Евангелием. Враждою твоею к греху, столько ненавистному для всесвятого Бога, покажи и докажи любовь твою к Богу. Согрешения, в которые случится впасть по немощи, врачуй немедленно покаянием. Но лучше старайся не допускать к себе и этих согрешений строгою бдительностию над собою.

Ты хочешь научиться любви Божией? Тщательно изучай в Евангелии заповедания Господа и старайся исполнить их самым делом, старайся обратить евангельские добродетели в навыки, в качества твои. Свойственно любящему с точностью исполнять волю любимого.

«Возлюбих заповеди Твоя паче злата и топазия: сего ради ко всем заповедем Твоим направляхся, всяк путь неправды возненавидех» (*Пс.118:127, 128*), говорит Пророк. Такое поведение необходимо для соблюдения верности к Богу. Верность – непременное условие любви. Без этого условия любовь расторгается.

Постоянным уклонением от зла и исполнением евангельских добродетелей – в чем заключается все евангельское нравоучение – достигаем любви Божией. Этим же самым средством пребываем в любви к Богу: «аще заповеди Моя соблюдете, пребудете в любви Моей» (*Ин. 15, 10*), сказал Спаситель.

Совершенство любви заключается в соединении с Богом; преуспеяние в любви сопряжено с неизъяснимым духовным утешением, наслаждением и просвещением. Но в начале подвига ученик любви должен выдержать жесткую борьбу с самим собою, с глубоко поврежденным естеством своим: зло, природнившееся грехопадением естеству, сделалось для него законом, воюющим и возмущающимся против Закона Божия, против закона святой любви.

Любовь к Богу основывается на любви к ближнему. Когда изгладится в тебе памятозлобие: тогда ты близок к любви. Когда сердце твое осенится святым, благодатным миром ко всему человечеству: тогда ты при самых дверях любви.

Но эти двери отверзаются одним только Духом Святым. Любовь к Богу есть дар Божий в человеке, приготовившем себя для принятия этого дара чистотою сердца, ума и тела. По степени приготовления бывает и степень дара: потому что Бог и в милости своей – правосуден.

Любовь к Богу вполне духовна: «рожденное от Духа, дух есть» (*Ин.3:6*).

«Рожденное от плоти плоть есть» (*Ин. 3, 6*): плотская любовь, как рождаемая плотию и кровию, имеет свойства вещественные, тленные. Она непостоянна, переменчива: огнь ее вполне в зависимости от вещества.

Слыша от Писания, что Бог наш огнь (*Евр. 12, 29*), что любовь есть огнь, и ощущая в себе огнь любви естественной, не подумай, чтобы этот огнь был один и тот же. Нет! Эти огни враждебны между собою и погашаются один другим[115]. «Служим благоугодно Богу с благоговением и страхом; ибо Бог наш огнь поядаяй есть» (*Евр. 12:28–29*).

Естественная любовь, любовь падшая, разгорячает кровь человека, приводит в движение его нервы, возбуждает мечтательность; любовь святая прохлаждает кровь, успокаивает и душу, и тело, влечет внутреннего человека к молитвенному молчанию, погружает его в упоение смирением и сладостию духовною.

Многие подвижники, приняв естественную любовь за Божественную, разгорячили кровь свою, разгорячили и мечтательность. Состояние разгорячения переходит очень легко в состояние исступления. Находящихся в разгорячении и исступлении многие сочли исполненными благодати и святости, а они несчастные жертвы самообольщения.

Много было таких подвижников в Западной Церкви, с того времени как она впала в папизм, в котором богохульно приписываются человеку Божеские свойства, и воздается человеку поклонение, подобающее и приличествующее единому Богу; много эти подвижники написали книг из своего разгоряченного состояния, в котором исступленное самообольщение представлялось им божественною любовию, в котором расстроенное воображение рисовало для них множество видений, льстивших их самолюбию и гордости.

Сын Восточной Церкви! Уклонись от чтения таких книг, уклонись от последования наставлениям самообольщенных. Руководствуясь Евангелием и святыми Отцами истинной Церкви, восходи со смирением к духовной высоте *любви* Божественной чрез посредство делания заповедей Христовых.

Твердо знай, что любовь к Богу есть высший дар Святаго Духа, а человек только может приготовить себя чистотою и смирением к принятию этого великого дара, которым изменяются и ум, и сердце, и тело. Тщетен труд, бесплоден он и вреден, когда мы ищем преждевременно раскрыть в себе высокие духовные дарования: их подает милосердный Бог в свое время, постоянным, терпеливым, смиренным исполнителям евангельских заповедей. Аминь.

СЕТИ МИРОДЕРЖЦА

Под знамением святого креста веду вас, братия, на духовное зрелище. Руководителем нашим да будет великий в угодниках Божиих Антоний, пустынножитель египетский

Он, по действию Божественного откровения, увидел некогда сети диавола, распростертые по всему миру для уловления человеков в погибель. Увидев, что этих сетей бесчисленное множество, с плачем вопросил он Господа: «Господи! Кто же может миновать эти сети, и получить спасение?»[116].

Погружаюсь задумчиво в рассматривание сетей дьявола. Они расставлены вне и внутри человека. Одна сеть близко присоединена к другой; в иных местах сети стоят в несколько рядов; в других – сделаны широкие отверстия, но которые ведут к самым многочисленным изгибам сетей, избавление из которых кажется уже невозможным. Глядя на многокозненные сети, рыдаю горько! Невольно повторяется во мне вопрос блаженного пустынножителя: «Господи! Кто же может избавиться от этих сетей?»

Расставлены сети для ума моего в различных книгах, именующих себя светом, а содержащих в себе учениях тьмы, написанных под явным, или прикрытым влиянием мрачного и всезлобного миродержца, из источника – разума, поврежденного грехопадением, во «лжи человечестей, в коварстве козней лщения» (*Еф. 4, 14*), по выражению Апостола, писателями, которые «без ума дмяся от ума плоти своея» (*Кол.2, 18*). Ближний мой, в любви к которому я должен искать спасения, соделывается для меня сетью, уловляющею меня в погибель, когда ум его уловлен сетями учения, мудрования лживых и льстивых. Мой собственный ум носит на себе печати падения, покрыт покрывалом мрака, заражен ядом лжи: сам он, обольщаемый миродержителем, расставляет для себя сети. Еще в раю стремился он неразборчиво и неосторожно к приобретению знания, для него гибельного, убийственного! По падении он сделался неразборчивее, опрометчивее: с дерзостью упивается чашею знания ядовитого, и тем решительно уничтожает в себе вкус и вожделение к Божественной чаше знания спасительного.

Для сердца моего сколько сетей! Вижу сети грубые и сети тонкие. Которые из них назвать более опасными, более страшными? Недоумеваю. Ловец искусен, – и кто ускользнет от сетей грубых, того он уловляет в сети тонкие. Конец ловитвы – один: погибель. Сети прикрыты всячески, с отличным искусством. Падение облечено во все виды торжества; человекоугодие, лицемерство, тщеславие – во все виды добродетели. Обман, темная прелесть, носят личину духовного, небесного. Любовь душевная, часто порочная, прикрыта наружностию любви святой; сладость ложная, мечтательная, выдается за сладость духовную. Миродержец всеми средствами старается удержать человека в его падшем естестве: и этого довольно, без грубых грехопадений, чтобы соделать человека чуждым Бога. Грехопадения грубые вполне заменятся, по верным рассчетам ловца, гордостным мнением о себе христианина, довольствующегося добродетелями падшего естества и вдавшегося в самообольщение, – этим отчуждившегося от Христа.

Для тела сколько сетей! Оно само – какая сеть! Как пользуется ими миродержец! Посредством тела, снисходя его унизительным наклонностям и пожеланиям, мы приближаемся к подобию скотов бессловесных. Какая пропасть! Какое удаление, какое ниспадение от Божественного подобия! В эту глубокую, страшно далекую от Бога пропасть мы низвергаемся, когда предаемся грубым плотским наслаждениям, называемым, по их греховной тяжести, падениями. Но и менее грубые плотские наслаждения не менее пагубны. Ради их оставляется попечение о душе, забывается Бог, небо, вечность, назначение человека. Миродержитель старается содержать нас в непрестанном развлечении, омрачении, посредством наслаждений телесных! Через чувства, эти двери в душу, которыми она сообщается с видимых миром, он непрестанно вводит в нее чувственное наслаждение, неразлучных с ним грех и плен. Гремит в знаменитых земных концертах музыка, выражающая и возбуждающая различные страсти; эти страсти представлены на земных театрах, взволнованы в земных увеселениях: человек всеми возможными средствами приводится к наслаждению убившим его злом. В упоении им он забывает спасающее его добро Божественное и кровь Богочеловека, которою мы искуплены.

Вот слабое начертание сетей, расставленных миродержцем для уловления христиан. Начертание слабое, но едва ли оно не навело на вас, братия, справедливого ужаса, едва ли в душе вашей не родился вопрос:. «Кто же может избежать этих сетей?»

Картина страшная еще не кончена! Еще, еще возбуждается кисть моя, водимая словом Божиим, к живописи.

Что гласит слово Божие? Оно возвещает предсказание, сбывающееся в глазах наших, предсказание, что во времена последние, по причине «умножения беззакония изсякнет любы многих» (*Мф. 24, 12*). Неложное слово Божие, более твердое, нежели небо и земля, возвещает нам умножение в последние времена сетей диавольских и умножения числа погибающих в этих сетях.

Точно! Гляжу на мир, – вижу: сети диавола умножились, в сравнении с временами первенствующей Церкви Христовой, умножились до бесконечности. Умножились книги, содержащие лжеучение; умножились умы, содержащие и сообщающие другим лжеучение; умалились, умалились до крайности последователи святой Истины; усилилось уважение к добродетелям естественным, доступным для иудеев и язычников; явилось уважение к добродетелям прямо языческим, противным самому естеству, взирающему на них, как на зло; умалилось понятие о добродетелях христианских, не говорю уже как умалилось, почти уничтожилось, исполнение их на самом деле; развилась жизнь вещественная; исчезает жизнь духовная; наслаждения и попечения телесные пожирают все время; некогда даже вспомнить о Боге. И это все обращается в обязанность, в закон. От «умножения беззакония изсякнет любы многих», и тех, которые удержались бы в любви к Богу, если б зло не было так всеобще, если б сети диавола не умножились до такой бесчисленности.

Справедлива была печаль блаженного Антония. Тем справедливее печаль христианина нынешних времен, при зрении сетей диавольских; основателен плачевный вопрос: «Господи! Кто же из человеков может миновать эти сети и получить спасение?»

На вопрос преподобного пустынножителя последовал от Господа ответ: «Смиренномудрие минует эти сети, и оне не могут даже прикоснуться к нему».

Божественный ответ! Как он отъемлет от сердца всякое сомнение, изображает в кратких словах верный способ победы над супостатом нашим, способ расторжения, уничтожения многоплетенных его козней, устроенных при помощи многолетней и многозлобной его опытности.

Оградим смирением ум, не позволяя ему стремиться безразборчиво, опрометчиво к приобретению знаний, как бы новость их и важность их заглавий ни приманивали нашей любознательности. Охраним его от испытания лжеучений, прикрытых именем и личиною христианского учения. Смирим его в послушание Церкви, низлагая всякое помышление, взимающееся на разум Христов (*2Кор.10, 5*), на разум Церкви. Прискорбен сначала для ума тесный путь послушания Церкви; но он выводит на широту и свободу разума духовного, пред которым исчезают все мнимые несообразности, находимые плотским и душевным разумом в точном повиновении Церкви. Не дозволим ему чтения о духовных предметах другого, кроме как в книгах, написанных писателями истинной Церкви, о которых сама Церковь засвидетельствовала, что они – органы Святаго Духа. Читающий святых писателей неприметно приобщается обитающему в них и глаголющему ими Святому Духу; читающий сочинителей еретических, хотя бы они своим еретическим сонмищем и украшены были прозванием святых, приобщается лукавому духу прелести[117]: за непослушание Церкви, в котором – гордость, он впадает в сети миродержителя.

Как поступить с сердцем? – Привьем к этой дикой маслине сучец от маслины плодовитой, привьем к нему свойства Христовы, приучим его к смирению евангельскому, будем принуждать насильно к принятию воли Евангелия. Увидев его разногласие с Евангелием, непрестанное противоречие, непокорность Евангелию, увидим в этом противодействии, как в зеркале, наше падение. Увидев падение наше, восплачем о нем пред Господом, Создателем нашим и Искупителем, возболим печалию спасительною; дотоле будем пребывать в этой печали, доколе не узрим исцеления нашего. «Сердце сокрушенно и смиренно Бог не уничижит» (*Пс.50:19*), преданием его в ловитву врагу. Бог – Создатель наш и полный Владыка: Он может воссоздать сердце наше, – и претворит Он сердце, неотступно вопиющее Ему плачем и молитвою, из сердца грехолюбивого в сердце боголюбивое, святое.

Будем хранить телесные чувства наши, не впуская чрез них грех в клеть душевную Обуздаем любопытное око и любопытное ухо; возложим жесткую узду на малый член тела, но производящий сильные потрясения, на язык наш; смирим бессловесные стремления тела воздержанием, бдением, трудами, частым воспоминанием о смерти, внимательною, постоянною молитвою. Как непродолжительны телесные наслаждения! Каким смрадом они оканчиваются! Напротив того тело, огражденное воздержанием и хранением чувств, омовенное слезами покаяния, освященное частыми молитвами, зиждется таинственно в храме Святаго Духа, соделывающего все покушения врага на человека безуспешными.

«Смиренномудрие минует все сети диавольские, и оне даже не могут прикоснуться к нему».

Аминь.

1846 года. Сергиева Пустынь.

ПРИМЕЧАНИЯ

1 – Начало 3-го Слова преподобного Симеона, Нового Богослова. Издание Оптиной Пустыни 1852 года.

2 – Начало 3-го Слова.

3 – Цитата из преподобного Симеона, Нового Богослова, в Слове Никифора Монашествующего, Добротолюбие, ч. 2. – Преподобный Макарий Великий, Слово 7, гл. 2.

4 – Алфавитный Патерик.

5 – Преподобного Аввы Дорофея. Поучение 9-е.

6 – Алфавитный Патерик.

7 – Здесь разумеется вера деятельная, а не догматическая. О различии их смотри Добротолюбие, ч. 2. Иноков Каллиста и Игнатия, гл. 16-я.

8 – Слово 89.

9 – Слово 90.

10 – Слово 38.

11 – Добротолюбие, ч. 1. Собеседование преподобного Максима Капсокаливита с преподобным Григорием Синаитом.

12 – Слово 27.

13 – Слово 4-е.

14 – Ответ 59.

15 – Прибавление к Слову 3-му. Святый Иоанн Лествичник.

16 – Слово о рассуждении. Добротолюбие, ч. VI.

17 – Слово 7, гл. 12.

18 – Четьи-Минеи, 17-го января.

19 – Глава 33, Добротолюбие, ч. 1.

20 – Предисловие к Уставу или Преданию.

21 – Преподобного Нила Сорского. Предание. Нелишним будет заметить здесь, что преподобный Нил Сорский, хотя имел благодать Божию, не дерзал объяснять Писания самопроизвольно, а последовал объяснению, сделанному Отцами. Путь смиренномудрия есть единственный верный путь ко спасению.

22 – Здесь говорится не о наружном послушании монастырском, не о трудах и занятиях, назначаемых монастырским начальством, но о послушании нравственном, сокровенном, совершаемом в душе.

23 – Мнение священномученика Петра, митрополита дамасского и других Отцов. Добротолюбие, ч. 3.

24 – Алфавитный Патерик и Достопамятные Сказания о авве, Макарии Городском, гл. 2.

25 – Житие преподобного Антония Великого. Четьи-Минеи, 17-го января и Vitae Patrum Patrologiae coursus complectus, T. LXXIII.

26 – Алфавитный Патерик.

27 – Алфавитный Патерик и Достопамятные Сказания.

28 – Четьи-Минеи. 1 апреля.

29 – Слово 4, гл. 120.

30 – Слово 27, гл. 5.

31 – Пролог, января, 9-й день.

32 – Патерик Печерский и Четьи-Минеи, 14-го февраля.

33 – Патерик Печерский и Четьи-Минеи, 31 января.

34 – Слово 4, гл. 12.

35 – Sancti Athanasii opera omnia, torn. 2, рад. 979–982.

36 – Монах Иоанникий был родной племянник Феодора. По кончине Феодора он не прекращал общения с Леонидом и впоследствии для сожительства с ним переместился в Оптину Пустынь.

37 – Добротолюбие, часть 1-я.

38 – Четьи-Минеи, 15-го мая.

39 – Слово о духовном законе, гл. 34.

40 – Ответы 1–54.

41 – Ответ 311.

42 – Смотри житие преподобных Антония Великого, Онуфрия Великого и других отшельников и затворников.

43 – Ответы 312, 313.

44 – Слово 8, гл. 10, 18, 21, 25. – Слово 27, гл. 13, 36.

45 – 88 глава преподобного Симеона, Нового Богослова. Добротолюбие, ч. 1.

46 – Святого Григория Синаита, главы 128, 131, 132. Добротолюбие, ч. 1.

47 – По отпадении Западной Церкви от Восточной.

48 – Начало 3-го Слова преподобного Симеона, Нового Богослова. Издание Оптиной Пустыни 1852 года.

49 – Начало 3-го Слова.

50 – Цитата из преподобного Симеона, Нового Богослова, в Слове Никифора Монашествующего, Добротолюбие, ч. 2. – Преподобный Макарий Великий, Слово 7, гл. 2.

51 – В подлиннике сказано: «аще кто мечтает высокая со мнением доспети». Здесь употреблено объяснительное выражение, чтоб отчетливее показать значение слова мнение.

52 – Лествица. Слово 7-е.

53 – О первом образе внимания и молитве. Добротолюбие, ч. 1.

54 – Вышеприведенная статья.

55 – Четьи-Минеи. Ноября в 23 день.

56 – Патерик Печерский.

57 – Вышеприведенная статья.

58 – Добротолюбие, ч. 1. О прелести и проч.

59 – Оборот речи, употребляемый жителями Петербурга.

60 – Святой Исаак Сирский. Слово 55.

61 – Преподобный Симеон, Новый Богослов. Слово о Вере. Добротолюбие, ч. 1.

62 – Орловской епархии.

63 – Курской епархии.

64 – Лествица. Слово 28, гл. 17.

65 – Слово о мнящихся от дел оправдиться, гл. 34, Добротолюбие, ч. 1.

66 – Лествица. Слово 4, гл. 82, 83. Преподобный Варсанофий Великий. Ответ 275. Житие и наставления преподобного Аполлоса. Патерик Алфавитный.

67 – О третьем образе молитвы. Добротолюбие, ч. 1.

68 – Житие преподобного Григория Синаита. Добротолюбие, ч. 1.

69 – Предисловие к Преданию или Уставу Скитскому.

70 – Отрывок письма старца Паисия к старцу Феодосию. Писания Паисия. Издание Оптиной Пустыни.

71 – Святой Исаак Сирский. Слово 36.

72 – Собеседование преподобного Максима с преподобным Григорием Синаитом.

73 – Слово 6 о любви, гл. 16.

74 – Святой Исаак Сирский. Слово 55.

75 – Преподобный Григорий Синаит. Слово 108, 128. Добротолюбие, ч. 1. Святой Иоанн Карпафийский, гл. 49. Добротолюбие, ч. 4.

76 – Слово IV, в конце; также Слово 3.

77 – Фантазии.

78 – Подражание Фомы Кемпийского, книга 2, гл. 8.

79 – Подражание Фомы Кемпийского, книга 3, гл. 1.

80 – Подражание, книга 3, гл. 3.

81 – Житие Феофила, Пимена болезненного, Иоанна Многострадального. Патерик Печерский.

82 – Святой Исаак Сирский. Слово 55.

83 – Стран. XXXVII.

84 – «Подражание» при первоначальном появлении своем, было осуждено даже своей Латинской Церковью, и преследовалось Инквизицией. Преследование прекращено впоследствии, и обратилось в покровительство, когда усмотрено, что книга служит хорошим орудием для пропаганды в среде людей, утративших истинное понимание христианства и сохранивших к нему поверхностное отношение. Под именем папской пропаганды, разумеется, распространено то понятие о Папе, которое Папа желает внушить о себе человечеству, то есть, понятие о верховной, самодержавной, неограниченной власти Папы над миром. Пропаганда, имея это целью, мало об-

ращает внимания на качество учения, преподаваемого ею, для неё на руку всё, что содействует её цели – даже вера во Христа без оставления веры в идолов.

85 – Восторженное изречение произнесено на французском языке, столько способном для сцены: «Elle aimait Dieu avec passion; elle ne pensait qu'a Dieu; elle ne voyait que Dieu; elle ne lisait que l'Evangile et l'Imitation qui est un second Evangile».

86 – «Il aime Dieu, comme il aimait ses maitresses».

87 – «C'est avec le meme coeur, qu'on aime le Créateur, ou la créature, quoique les effets soient aussi différents, que les objets».

88 – Музы и Аполлон – божества древних язычников, греков и римлян; этим демонам язычники приписывали покровительство изящным художествам.

89 – В созвучии, в согласии.

90 – Олонецкой или Петрозаводской Епархии.

91 – Новгородской Епархии.

92 – Калужской Епархии.

93 – О втором образе внимания и молитвы. Добротолюбие, ч. 1.

94 – Предисловие схимонаха Василия.

95 – Беседа 7, гл. 4.

96 – Беседа 8, гл. 5.

97 – Подражание, книга III, гл. 2.

98 – Преподобный авва Дорофей. Поучение 2.

99 – Преподобный авва Дорофей. Поучение 2.

100 – Алфавитный Патерик. О авве Пимене Великом.

101 – Лествица. Слово 22, гл. 22.

102 – Есф. IV–VII. Аман, македонянин, был любимцем и первым вельможей Артаксеркса, царя Персидского. Мардохей, иудеянин, принадлежал к числу придворных, и, будучи глубокого благочестия, не позволял себе человекоугодничества, не пресмыкался пред временщиком. Таково поведение Мардохея привело Амана в неистовство: он приготовил высокую виселицу, чтоб казнить на ней ненавистное ему исключение из общего низкопоклонства. По коловратности земных положений об-

стоятельства изменились, и Аман повешен на висилице, воздвигнутой им для Мардохея.

103 – Святой Исаак Сирский, Слово 33.

104 – Святый Исаак Сирский. Слово LV.

105 – Тропарь на Великом Повечерии.

106 – Канон молебный ко Пресвятой Богородице.

107 – Преподобный Григорий Синаит. О прелести и проч. Добротолюбие, ч. 1. Святые Каллист и Игнатий Ксанфопулы, гл. 73. Добротолюбие, ч. 2.

108 – Исаака слово 55.

109 – Исаака слово 36.

110 – Слово 21.

111 – Святой Исаак Сирский.

112 – Лествица. Слово XV, гл. 3.

113 – Слово III, гл. 16.

114 – Алфавитный Патерик. Изречение преподобного Пимена Великого.

115 – Лествица. Слово 3 и Слово 15.

116 – Патерик Скитский. – Преподобный авва Дорофей. Поучение 2.

117 – Святой Петр Дамаскин. Добротолюбие, ч. О рассуждении.

Православная библиотека – Orthodox Logos

- *Добротолюбие (Том I • Том II • Том III • Том IV • Том V)*
- *Откровенные рассказы странника духовному своему отцу*
- *Семь слов о жизни во Христе* – праведный Николай (Кавасила)
- *О молитве* – святитель Игнатий (Брянчанинов)
- *Об умной или внутренней молитве* – преподобный Паисий (Величковский)
- *В помощь кающимся* – святитель Игнатий (Брянчанинов)
- *О прелести* – святитель Игнатий (Брянчанинов)
- *Христианство по учению преподобного Макария Египетского* – преподобный Иустин (Попович), Челийский
- *Философские пропасти* – преподобный Иустин Челийский (Попович)
- *Священное Предание: Источник Православной веры* – митрополит Каллист (Уэр)
- *Толкование на Евангелие от Матфея* – святой Феофилакт Болгарский, архиепископ Охридский
- *Толкование на Евангелие от Марка* – святой Феофилакт Болгарский, архиепископ Охридский
- *Толкование на Евангелие от Луки* – святой Феофилакт Болгарский, архиепископ Охридский
- *Толкование на Евангелие от Иоанна* – святой Феофилакт Болгарский, архиепископ Охридский
- *Таинство любви* – Павел Евдокимов
- *Мысли о добре и зле* – святитель Николай Сербский (Велимирович)
- *Миссионерские письма* – святитель Николай Сербский (Велимирович)
- *Живой колос* – праведный Иоанн Кронштадтский (Сергиев)
- *Дидахе. Учение Господа, переданное народам через 12 апостолов*

- *Домострой* – протопоп Сильвестр
- *Лествица или Скрижали духовные* – преподобный Иоанн Лествичник
- *Слова подвижнические* – преподобный Исаак Сирин Ниневийский
- *Миссионерские письма* – святитель Николай Сербский (Велимирович)
- *Точное изложение православной веры* – преподобный Иоанн Дамаскин
- *Беседы на псалмы* – святитель Василий Великий
- *О цели христианской жизни* – преподобный Серафим Саровский (Мошнин)
- *Аскетические опыты (Том I • Том II)* – святитель Игнатий (Брянчанинов)
- *Смысл жизни* – Семён Людвигович Франк
- *Философия свободы* – Николай Александрович Бердяев
- *Философия свободного духа* – Николай Александрович Бердяев
- *Песня церкви - Праведники наших дней* – Артём Перлик
- *Сказки* – Артём перлик
- *Патристика* – Артём Перлик
- *Ты нужен мне* – Артём Перлик
- *Следом за овцами - Отблески внутреннего царства* – Монахиня Патрикия

www.orthodoxlogos.com

www.ingramcontent.com/pod-product-compliance
Lightning Source LLC
Chambersburg PA
CBHW020538080526
44583CB00013B/905